Nina Rauprich · Das Jahr mit Anne

Nina Rauprich

Das Jahr mit Anne

Ellermann Verlag

Nina Rauprich
wuchs in Bielefeld auf. Nach einer Lehre als landwirtschaftlich-technische Assistentin nahm sie in Berlin Schauspielunterricht. Es folgten Engagements an verschiedenen Bühnen und beim Fernsehen. Nach ihrer Heirat und der Geburt ihrer drei Kinder begann sie zu schreiben. Die Kinder wurden größer – und aus den Geschichten wurden Bücher für junge Leser.
Heute lebt Nina Rauprich als freie Schriftstellerin in der Nähe von Köln. Für ihre Bücher wurde sie mehrfach ausgezeichnet, zuletzt mit dem Friedrich-Gerstäcker-Preis.

5 4 3 99 98 97

Umschlagillustration: Beate Speck-Kafkoulas

Printed in Germany
ISBN 3-7707-3029-1

Dieses Buch ist allen Kindern gewidmet,
die Angst vor dem Sterben haben und Angst,
darüber zu reden.

1

Ich habe Ferien. »Geh nach draußen, Sabine«, sagt meine Mutter, »oder lies ein Buch. Das lenkt ab. Laß dich nicht so hängen. Du meine Güte, das nützt doch nichts! – Willst du dir ein Eis holen? – Bei Köhnen sind T-Shirts im Angebot. Vielleicht gefällt dir eins...«
Sie redet auf mich ein. Den ganzen Tag geht das so. Gestern auch und vorgestern. Ich halte das nicht aus. Sie soll mich doch in Ruhe lassen.
Die meiste Zeit liege ich auf meinem Bett. Ich starre zur Zimmerdecke hinauf. Die Gedanken drehen sich im Kreis, und mit ihnen kommen die Bilder. Bilder von Anne, von unserer Klasse – die Lehrer, die Projektwoche, Benjamin, Jasmin... Ich halte das nicht aus.
Manchmal hole ich mein Tagebuch hervor. Dann schreibe ich einfach drauflos, so wie jetzt auch. Manchmal schmiere ich auf meinem Zeichenblock herum, wild und grell oder grau und schwarz. Das hilft auch nicht.
Ich möchte Frau Schneider-Solle anrufen. Aber in den Ferien mit der Klassenlehrerin zu telefonieren ist doof. Vielleicht ist es auch nicht doof. Ich weiß es nicht... Ich weiß nicht mal, was ich von ihr will. Nur reden.

Es hat sich etwas Merkwürdiges ereignet. Vor einer Stunde hat Frau Schneider-Solle hier bei uns angerufen. Das war wohl Gedankenübertragung oder so was. Eigentlich finde ich es schlimm, wenn Lehrer sich einmischen. Aber heute war ich froh darüber.
»Sabine, du darfst deinen Kummer nicht in dich hineinfressen«, hat sie gesagt. »Willst du zu mir kommen? Bei uns

im Garten sind die Pflaumen reif. Du kannst dir welche pflücken, und wir sprechen dann über Anne.«
Ich war noch nie bei meiner Klassenlehrerin zu Hause. Ich will da auch heute nicht hin. »Nur ein bißchen am Telefon reden«, habe ich gesagt.
»Was machst du denn?« wollte sie wissen.
»Nichts.«
»Was heißt das?«
»Nichts! Rumhängen, meinen Bruder ärgern, meine Mutter nerven.«
»Habt ihr in diesen Ferien noch etwas Besonderes vor?«
»Nein.«
»Fahrt ihr weg?«
»Nein.«
»Sabine, willst du nicht vielleicht doch zu mir kommen?«
»Nein.«
Dann haben wir beide ins Telefon geschwiegen. Frau Schneider-Solle am einen Ende, ich am andern. Schließlich konnte ich das nicht mehr aushalten und habe einfach »tschüs« gesagt.
»Warte!« Sie hat richtig gebrüllt, damit ich nicht auflege. Und dann hat sie mit ihrer Lehrerinnenstimme gesagt: »Sabine, jetzt hör mir mal gut zu. Du mußt das aufarbeiten. Das ist ganz wichtig. Du liest doch gern, und Schreiben macht dir auch Spaß. Du gehörst in deiner Klasse zu den Guten in Deutsch. Ich schlage vor, du nimmst dir eine Kladde und schreibst auf, was du von Anne weißt, was du mit ihr erlebt hast. So wie es kommt. Fang einfach irgendwo an. Probier es. Du hast jetzt Zeit genug.«
»Über Anne schreiben? Soll das eine Strafarbeit sein? Nein, das mache ich nicht! Außerdem weiß ich gar nicht viel von ihr. Ich habe sie doch nur ein Jahr gekannt.«

»Schreib über dieses eine Jahr. Natürlich ist das keine Strafarbeit. Das weißt du selber.« Frau Schneider-Solle redete stur und unbeirrt weiter. »Es hilft dir, Sabine. Glaub es mir. Auch wenn du dir das im Augenblick nicht vorstellen kannst. Anne war doch deine Freundin.«
»Sie ist immer noch meine Freundin«, sagte ich leise. Dann habe ich den Hörer aufgelegt.

Ich bin in mein Zimmer gegangen, habe auf die gegenüberliegende Häuserfront gestarrt und an Anne gedacht. Auch an Frau Schneider-Solle – an unser gebasteltes Klassenhaus, in dem Annes Fenster für immer geschlossen bleibt.
Nach dem Mittagessen fing meine Mutter wieder von den T-Shirts an und daß ich mich nicht hängen lassen soll. »Die Zeit heilt Wunden«, sagte sie.
Wenn sie doch bloß die Klappe halten würde! Sprüche konnte ich jetzt am allerwenigsten ertragen. Ziemlich genervt fuhr ich sie an: »Hast du mal Geld für mich? Ich soll mir eine Kladde kaufen. Meine Deutschlehrerin will das.«
»Jetzt, in den Ferien?« Meine Mutter guckte mich an, als ob ich krank im Kopf wäre und zu phantasieren anfinge.
»Frag sie doch selber. Ruf sie an, wenn du mir nicht glaubst! Bleistifte brauche ich auch.«
Meine Mutter hat neben dem Küchenschrank gestanden, mit einer leeren Bratpfanne in der Hand, und hat mich angestarrt. Sie wollte eine Erklärung haben, wegen der Kladde und so. Ich habe aber nichts erklärt. Sie hat gewartet, und ich habe auch gewartet. Mir war das Schweigen egal, aber sie konnte es nicht aushalten. Schließlich hat sie doch noch die Pfanne in den Schrank gestellt und mir wortlos Geld auf den Küchentisch gelegt. Dann ist sie hinausgegangen.
Das war vor zwei Tagen.

Fang einfach an, probier es! Typisch Lehrer! So was sagen sie immer, und es hilft einem gar nichts. Ich male Schlangenlinien und Kringel und ein Kreuz. Ein dickes, schwarzes Kreuz, und dann male ich Strich an Strich das ganze Blatt schwarz. – Es geht nicht, ich kann nicht über Anne schreiben. Ich habe die Kladde an die Wand gepfeffert. Sie hat sich aufgeblättert und ist dann wie ein abgeschossener Vogel zusammengeklappt und hinters Bett gerutscht.

Frau Schneider-Solle hat nicht mehr angerufen. Ich auch nicht. Die Kladde hat meine Mutter beim Saubermachen gefunden. Gesagt hat sie nichts, aber sie hat das Ding auf meinen Schreibtisch gelegt, gerade und genau in die Mitte. Wie ein Vorwurf. Nun sitze ich wieder davor. Über Anne schreiben? Den Schmerz herauslassen, die Gedanken befreien – wie aus einem Loch. Ich stelle mir ein Band vor, an dem Buchstaben hängen. Ich ziehe und ziehe. Die Buchstaben springen ab und schwirren weg, sobald sie draußen sind. Einfach so.

Es ist aber nicht einfach. Auch wenn Frau Schneider-Solle recht hat damit, daß ich gern schreibe. Jedenfalls manchmal. Ich packe in mein Tagebuch, was meine Gedanken nicht loslassen können. Dann wird aus dem Tagebuch ein Klagebuch oder ein Wutbuch. Oder ein Jubelbuch. Einmal habe ich nur Herzen gemalt und gar nichts geschrieben. Das hatte ganz viel mit Christian zu tun. Ich weiß auch ohne Worte, was es bedeuten soll. Aber ein Anne-Tagebuch?

In meinem Kopf drehen sich die Gedanken ohne Anfang und Ende. Ich will das nicht und kann es trotzdem nicht beenden. Ich sehe Anne immer vor mir. In einem Tagebuch schreibt man alles schön der Reihe nach. Elsbach, Mittwoch, den 7. Januar, Donnerstag, Freitag...

Ich weiß heute nicht mehr, was am 7. Januar war und am Donnerstag und Freitag danach. Es ist auch nicht mehr wichtig. Ich weiß überhaupt nicht mehr, was wichtig ist oder war. Anne ist die beste Freundin, die ich je hatte. Sie wird immer meine Freundin bleiben. Aber Anne ist tot.

2

Vielleicht erzähle ich erst mal etwas über unsere Klasse, so als ob mir einer zuhörte. Frau Schneider-Solle könnte das sein, wenn sie unter ihrem Pflaumenbaum sitzt und gerade nicht Lehrerin ist. Ich könnte anfangen gleich nach den großen Ferien vor einem Jahr.

Unsere Klasse war damals die 6a der Gesamtschule in Elsbach. Wir waren alle von der fünften in die sechste versetzt worden. Nur Sylvia fehlte. Ihre Eltern waren umgezogen, und sie ging jetzt in eine andere Schule. Der Platz neben mir blieb leer.

Ich versuchte Jasmin zu überreden, sich zu mir an den Tisch zu setzen. Für Jasmin hatte ich eine Schwäche. Sie ist wirklich hübsch und hat immer irre Klamotten an, ein bißchen ausgeflippt. Ich glaube, alle Jungen in unserer Klasse waren mindestens einmal in Jasmin verknallt. Einige sogar recht heftig. Darauf bildet sich Jasmin eine Menge ein. Sie ist überhaupt ziemlich bescheuert. Aber das ist mir erst viel später aufgefallen.

Sie bügelte mir dann auch ordentlich eins über. »Wie kommst du denn darauf?« fragte sie gedehnt und verdrehte die Augen, als ob sie gleich in Ohnmacht fallen würde. »Für wen hältst du dich? Ach nein, da bleibe ich lieber bei Elke.« Sofort beugte sie sich ganz nahe zu Elke, und die beiden tuschelten und kicherten. Sie zogen über mich her. Das war nicht zu übersehen. So was tut weh, und man denkt lange daran. Hätte ich bloß meine Klappe gehalten!

Aber ich bewunderte Jasmin damals noch. Sie kann sich leicht über alles hinwegsetzen, was ich von mir nicht behaupten kann. Nach dieser Abfuhr kam ich mir wie ge-

schrumpft vor. Ich hatte vom ersten Schultag schon genug, bevor er richtig angefangen hatte.
Kurz darauf kam Frau Schneider-Solle in die Klasse. Wir hatten gleich eine Menge zu regeln. Als erstes dachten wir uns eine neue Sitzordnung aus, in Zweier- und Vierergruppen. Es war ein arges Geschiebe und Gescharre, bis wir die Tische anders zusammengestellt hatten. Dann ging es um die Schulbücher, um Änderungen im Stundenplan und um eine neue Mitschülerin: Annegret Herzog.
»Sie war längere Zeit krank und hat sich deshalb entschlossen, die Klasse zu wiederholen«, klärte uns Frau Schneider-Solle auf. »Ich halte das für einen richtigen Entschluß.«
Sie schien noch mehr sagen zu wollen, aber Steffen Franke rief dazwischen: »Ich war auch krank. Ich mußte mir meinen Blinddarm herausoperieren lassen. So ein Mist! Eigentlich stehen mir noch vierzehn Tage Sonderferien zu.«
»Echt? Hast du jetzt eine Narbe am Bauch? Zeig mal!« Das war typisch Jasmin. Elke prustete los, und die beiden warfen sich vielsagende Blicke zu. Was die an Steffens Bauch sehen wollten, war bestimmt nicht die Narbe. Das war uns allen klar. Die meisten Mädchen kicherten.
Unsere Klassenlehrerin ging nicht darauf ein. »Dann darfst du sicher noch eine Weile nicht turnen«, wandte sie sich an Steffen. »Bring bitte ein Attest von deinem Arzt mit. Es muß alles seine Ordnung haben. Ist sonst noch einer von euch krank gewesen? – Nein, da bin ich aber froh. Also, nachdem Sylvia nun nicht mehr in eurer Klasse ist, kann Annegret ihren Platz einnehmen. Dann hast du wieder eine Tischnachbarin, Sabine.«
Jasmin mußte auch jetzt wieder ihren Senf dazugeben: »Die arme Sabine fühlt sich schon ganz einsam.«
»Ruhe!« donnerte Frau Schneider-Solle los. »Kann ich viel-

leicht einmal zu Ende reden. Ich muß euch noch etwas mitteilen, was Annegret Herzog betrifft.«
Sie wartete, bis endlich jeder den Mund hielt. Dann sagte sie: »Dieses Mädchen ist an Leukämie erkrankt. Sie war mehrmals in einer Klinik. Aber nun geht es ihr wieder besser. Ihr braucht keine Angst vor Ansteckung zu haben. Leukämie ist eine Blutkrankheit. Sie kann nicht auf andere übertragen werden. Seid freundlich zu Annegret und helft ihr, daß sie sich in eurer Klasse schnell einlebt.«
Unsere Schulglocke schnitt Frau Schneider-Solle das Wort ab. Einige sprangen auf. Gleich darauf schwatzten und schrien wir durcheinander. Torsten Dickmann riß die Fenster auf und brüllte was von Affenhitze und Affenkäfig. Irgendwas sauste dicht an meinem Kopf vorbei, und dann schrie einer: »Hol meinen Ratzefummel wieder. Eh, spinnst du?« – Erster Schultag nach den großen Ferien. Wir hatten Mühe, uns wieder einzugewöhnen.
Ich dachte nur, hoffentlich ist sie nett, die Neue.

Wie ein Film läuft die Erinnerung in meinen Gedanken ab. Ich habe mir gerade noch einmal durchgelesen, was ich gestern in die Kladde geschrieben habe. Ein bißchen mußte ich radieren und verbessern. Aber nicht viel. Selbst Kleinigkeiten kommen beim Schreiben wieder hoch. Die blöde Jasmin, Steffen und seine Blinddarmoperation, Dicki mit seinem Affenkoller. Alles war für den damals affig, von affengeil bis Affenschwanz. Eine richtige Macke war das.
Simone, die mit mir am Vierertisch sitzt, erzählte in der Pause, daß ihre Katze Junge hat. »Die Kleinen sind so süß! Willst du eine geschenkt haben, Sabine? Du mußt sie dir ansehen.«
Ich mag Katzen, und Simone weiß das. Aber alles Bitten und Betteln kann meine Mutter nicht erweichen, wenn es um ein

Haustier geht. Hundeflöhe, Katzenhaare und Meerschweinchenkötel können Mama das Gruseln beibringen.

Anne kam zu Beginn der nächsten Stunde.
Töni brachte sie mit. Genauer gesagt: Herr von Thönes, unser Mathelehrer. Töni ist fast zwei Meter groß, und ich behaupte einfach mal, er wiegt auch zwei Zentner. Neben diesem Riesen wirkte sie wie eine Puppe, blaß, zerbrechlich, mit Augen, die eine Nummer zu groß schienen. Seltsamerweise trug sie eine Mütze auf dem Kopf.
Wie die guckt, dachte ich. Und im Sommer eine Mütze auf! Wenn sie noch so krank ist, soll sie doch zu Hause bleiben. – Sylvia war nie krank.
»Guten Morgen allerseits«, posaunte Töni, wie das seine Art ist. »Hier kommt Annegret. Frau Schneider-Solle hat sie euch bereits angekündigt. Sie kann neben Sabine sitzen. Alles klar?«
Und damit schob er die Neue zu mir an den Tisch.
Doof, dachte ich. Kann die nicht mal ein paar Schritte allein gehen?
In mir stieg Ablehnung auf gegen dieses Mädchen, das eine Krankheit hatte, bei der man im Sommer eine Mütze aufsetzen muß. Den Namen der Krankheit hatte ich fast augenblicklich wieder vergessen. Er klang nach Arztsprache, irgendwie bedrohlich. Ich dachte sofort an meine Oma. Die hatte auch eine Krankheit bekommen mit so einem Namen, den ich nicht behalten konnte. Und dann war sie gestorben. Das ging unheimlich schnell. Ich wollte Oma festhalten. Aber das kann man nicht. »Der Tod hat sie geholt«, sagte meine Mutter. »Sie ist für immer von uns gegangen«, sagte mein Vater. Ich wollte meinen Eltern nicht glauben. Es ist nicht dasselbe, ob einer geholt wird oder geht. Aber es nütz-

te nichts. Oma war tot. Die Neue, die ihre Mütze auch in der Klasse aufbehielt, und die ihren mageren Arm bis auf meine Tischseite schob, erinnerte mich daran, wie unheimlich der Tod ist.
Habe ich wirklich, als ich Anne das erste Mal sah, an den Tod gedacht? Vielleicht nicht so bewußt, wie ich es hier schreibe. Ich weiß aber genau, daß ich während dieser ersten Mathestunde ein beklemmendes Gefühl nicht unterdrücken konnte. Wir wechselten kein Wort miteinander. Ich vermied es sogar, zu ihr hinzusehen.
In der großen Pause wollte ich so schnell wie möglich auf den Schulhof. Alle rannten los und drängelten aus der Klassentür. Nur die Neue nicht. Sie blieb auf ihrem Platz sitzen.
Wir Mädchen standen zusammen und erzählten von den Ferien. Ich merkte bald, daß die andern auch ein komisches Gefühl hatten. Wir quatschten einfach über das hinweg, was uns befremdete. Bis schließlich Simone den Arm um mich legte und sagte: »Schade, daß Sylvia weggezogen ist.«
Das war wie ein Stichwort.
»So eine Krankheit – schrecklich.« Jasmin schüttelte sich.
»Daß die schon wieder zur Schule geht«, meinte Elke.
Und Laura warf ein: »Naja, sie will nicht gleich wieder etwas versäumen. Das kann man doch verstehen.«
»Verstehen schon!« sagte Elke. »Aber wißt ihr überhaupt, was das für eine Krankheit ist? – Krebs.«
Mir lief bei diesem Wort eine Gänsehaut über die Arme. »Woher willst du das wissen?« Alles in mir empörte sich gegen Elke. »Frau Schneider-Solle hat was anderes gesagt. Es klang wie – Chemie. So ähnlich jedenfalls.«
»Leukämie«, verbesserte mich Elke, »und das ist Krebs.«
Jemand sagte leise: »Daran kann man sterben, auch schon als Kind.«

Von den Jungen flog irgendwas zu uns herüber. Wir kreischten und liefen auseinander. Wir warfen den Blödmännern ein paar passende Bemerkungen zu. Dabei fühlten wir uns sicher. Es war besser, als über Tod und Sterben zu reden.
Was nach der großen Pause noch geschah, weiß ich nicht mehr. Meine Erinnerung hat da ein Loch. Aber es war noch am selben Tag, als ich meine Eltern beim Abendessen aus der Fassung brachte mit meiner Frage: »Stirbt man an Krebs, auch wenn man erst zwölf oder dreizehn ist?«
»Also Sabine, was redest du da! Kinder kriegen keinen Krebs«, sagte meine Mutter, als ob sie es wüßte.
»Das kommt nämlich vom Rauchen«, behauptete Franzi.
Franzi, mein Bruderherz! Er ist gerade fünf, hat schon eine Brille und tut manchmal so, als wäre er ein Professor.
»Wie kommst du auf diese Frage?« erkundigte sich mein Vater.
Aber ich erzählte nichts von der Neuen, die neben mir saß. Die Frage war mir herausgerutscht, ohne daß ich es gewollt hatte. »Nur so«, wich ich aus.
Franzi mampfte Bratkartoffeln und erklärte uns statt dessen mit vollem Mund, daß er mindestens hundert Jahre alt wird.
»Spinner!«
Von rechts traf mich ein vorwurfsvoller Vaterblick, von links ein erzieherisches Mutterräuspern. »Selber Spinner!« rief mein Bruder, verschluckte sich und hustete mir ein paar Brocken auf den Teller.
Das regte mich so auf, daß ich anfing zu heulen. Erst die eingebildete Jasmin und die Neue, jetzt meine Eltern, die Franzi immer alles durchgehen ließen. »Nimm dich zusammen«, schnauzte mich mein Vater an. Zu Franzi sagte er nichts.

3

Als ich am nächsten Morgen in die Schule kam, war dieses neue Mädchen schon da. »Hallo«, sagte sie.
Direkt nach mir kam Marian in die Klasse gepoltert. Marian ist aus Polen zu uns gekommen. Er spricht noch schlecht Deutsch. Aber er setzt sich durch, indem er Krach macht, die andern anrempelt oder die Fäuste gebraucht. Die Jungen in unserer Klasse finden ihn prima. Wir Mädchen sind uns einig: Marian ist ein Angeber.
»Mußt du die Tür immer zuknallen?« schrie ich Marian an. »Da platzt einem ja das Trommelfell.«
»Zimtzicke!« schrie Marian zurück. Solche Ausdrücke kennt er schon reichlich.
Ich schnitt ihm eine Grimasse. Da schoß Marian auf mich zu, packte meinen Arm und riß mich durch den Klassenraum.
Es tat nicht wirklich weh, aber ich kreischte so laut ich konnte und wehrte mich.
Simone brüllte dazwischen: »Laß die Sabine los! Marian! Du sollst keine Mädchen anfassen.«
Benjamin, unsere Sportskanone, rettete mich. Aber nun fetzte er sich mit Marian. Die beiden machten Krach, daß man sein eigenes Wort nicht verstehen konnte. Plötzlich tauchte Mathe-Töni auf. Er zerrte sie auseinander, packte Benjamin rechts, Marian links und schob sie auf den Flur hinaus.
Als ich an meinen Platz zurückkam, lag da ein Schokoriegel.
»Magst du?« fragte Annegret.
Man kann einen Schokoriegel nicht ablehnen und behaupten, daß man den nicht mag. Das glaubt einem keiner.
»Süßes immer«, sagte ich.
»Wie bei mir.«

Simone kam und schließlich auch wieder Benjamin. Unsere Vierertischgruppe war vollzählig.
»Nennt mich einfach Anne«, sagte sie. »Dieses altmodische Anhängsel an meinem Namen mag ich nicht. Das paßt auf einen Grabstein. Aber ich will leben.«
»Machen wir!« Benjamin starrte unverschämt auf meinen Schokoriegel. »Hast du zufällig noch einen?«
»Ja!« Sie holte zwei aus ihrer Schultasche, ließ einen über den Tisch zu Benni flutschen, den andern gab sie Simone. Sie selber kaute auch.
»Die Schokobande!« rief Christian vom Nachbartisch herüber. Es klang fast ein bißchen neidisch. »Also, ich hätte nichts dagegen, wenn du lieber an meinem Tisch sitzen möchtest, Anne.«
Wir lachten. Es war nur so dahingesagt von Christian. Aber Anne war damit angenommen. Die Neue war in Ordnung.
Als es zur großen Pause klingelte, wollte Anne wieder in der Klasse bleiben.
»Warum kommst du nicht mit nach draußen?« fragte Laura. »Mir wäre das zu langweilig ganz allein hier drinnen.«
Anne wurde rot. »Es ist wegen meiner Mütze. Ich will nicht, daß einer sie mir herunterreißt.«
Anne hatte nicht besonders laut gesprochen, aber fast alle sahen zu ihr hin. Jasmin, die schon auf dem Flur war, drehte sich um und blieb stehen. Sie faßte Nahire, unsere Klassensprecherin, am Arm. Mit einem Mal wurde es still, wie das sonst in der Pause nie der Fall ist.
Anne blickte von einem zum andern. »Tut doch nicht so! – Ich habe keine Haare mehr. Habt ihr das etwa nicht gewußt?«
Ich hatte es nicht gewußt.
Eben noch war Anne für mich eine ganz normale Mitschüle-

rin geworden, und jetzt war da doch wieder etwas Ausgrenzendes. Ich wollte nicht neben einer sitzen, die anders war, krank, ohne Haare und wer weiß, was sonst noch. Von mir aus konnte sie sich zu Christian setzen.
Aber der Schreck legte sich schnell wieder und damit auch die Ablehnung. Dieses Mädchen hatte etwas, das ich mochte, obwohl ich nicht sagen konnte, was es war. Sie war älter, gerade vierzehn geworden. Ich war noch nicht mal dreizehn. War es das? Jasmin war auch schon beinahe vierzehn. Vielleicht fühlte ich mich immer zu älteren Mädchen hingezogen. Jedenfalls wollte ich schon nach ein paar Tagen nicht mehr, daß sie sich woanders hinsetzte. Ich gewöhnte mich schnell daran, daß sie eine Glatze hatte. Es störte mich nicht mehr.
Den andern in unserer Klasse ist es wohl ähnlich ergangen. Benni sagte zu ihr: »Von mir aus kannst du die Mütze absetzen. Draußen, auf dem Schulweg, würde ich die auch aufbehalten. Aber hier im Klassenraum sind wir doch unter uns.«
Anne blickte zu ihm hin und lächelte. Sie sah sehr verletzlich aus. »Ich würde mich trauen, wenn ihr mich nicht auslacht«, sagte sie.
»Bestimmt nicht«, versicherte Benjamin und machte eine Faust, um Anne zu zeigen, wie er sie verteidigen würde, falls es notwendig wäre. Dann wandte er sich an die anderen: »Alle mal herhören! Affendicki, kannst du mal die Schnauze halten? Hat einer was dagegen, daß Anne diesen Pudel vom Kopf nimmt?«
»Muß sie selber wissen«, sagte jemand.
»Stört das irgendwen?« hakte Benjamin nach. »Hand hoch, wer ist dafür, wer dagegen?«
Keiner hob die Hand. Es war auch unklar, wofür. Aber vor allem war es nicht richtig, über Annes Kopf hinweg abzu-

stimmen, fand ich, und das sagte ich auch laut und deutlich. Von allen Tischen war Gemurmel zu hören. Anne saß still auf ihrem Platz. Es kostete sie Überwindung. Das sah ich deutlich. Sie blickte zu Marian, zu Jasmin, zu Dicki und dann mit fragenden Augen zu Benjamin. Langsam griff sie nach der Mütze, zögerte und zog sie herunter. Dabei hing ihr Blick an Benni, als holte sie sich Kraft bei dem Größten und Stärksten unter uns.

»Gut«, sagte Frau Schneider-Solle, die unbemerkt in die Klasse gekommen war. »Anne hat nichts zu verbergen. Außerdem ist eine Mütze im Sommer nur lästig.«

Von diesem Tag an nahm Anne die Mütze ab, wenn sie morgens in die Klasse kam, und setzte sie erst wieder auf, wenn der Unterricht aus war. Wir gewöhnten uns an den Anblick, und die Lehrer auch.

Nur einmal gab es Verwirrung. Freitags hatten wir immer Religion. Für Reli ist der Schulpfarrer zuständig. Ihn hatte wohl keiner vorgewarnt. Er starrte Anne an, setzte dann seine Brille auf und starrte noch immer. Dann wollte er wissen: »Wie heißt du, und woher kommst du? – Die Neue da, am Fenster, meine ich.«

Sie stand auf. »Ich heiße Anne Herzog, und ich komme von der Kinder-Krebs-Station«, sagte sie.

»Eh, warst du nicht vorher in einer anderen Klasse? Ich habe dich – eh – nicht gleich erkannt. Mir hat, wie üblich, keiner was gesagt. Ich wollte dich nicht kränken.« Der arme Kerl zog ein Taschentuch aus der Hosentasche und wedelte damit vor seinem Gesicht herum. Er wußte überhaupt nicht, wohin er gucken sollte. Es war ihm furchtbar peinlich. Das sah man ihm an. – Und wir grinsten.

»Der hat dich für einen weiblichen Skinhead gehalten«, flüsterte Benjamin so laut, daß es alle hörten.

Nach der Stunde äffte Christian den Schulpfarrer nach. »Wie heißt du?« bellte er. »Die Neue, da rechts am Fenster!« Er machte aus Daumen und Zeigefinger zwei Ringe und hielt sie vor die Augen, um eine Brille anzudeuten.
»Affengeil«, schrie Dicki. »Anne, du warst super!«
Sie war erst ein paar Tage in unserer Klasse, aber sie war die Älteste, und sie hatte diese Krankheit gehabt. Dadurch war sie uns andern weit voraus. Wir spürten das, ohne daß wir darüber redeten. Anne spielte sich nicht auf. Das hatte sie nicht nötig. Es gelang ihr sehr schnell, sich in die Klasse einzufügen.
Ich mochte Anne beinahe sofort, auch wenn ich am ersten Schultag ziemlich abweisend war. Heute weiß ich, daß Annes Krankheit mich erschreckt hatte, weil ich an Omas Tod erinnert wurde. Ich hatte Angst vor dem Tod. Niemals hatten meine Eltern mit mir über das Sterben gesprochen. Auch nicht, als Oma so krank wurde und dann auf den Friedhof kam. Franzi durfte nicht einmal mit zur Beerdigung.
»Die Oma schläft jetzt für immer unter vielen, vielen Blumen«, wurde ihm erzählt, als alles vorbei war.
»Ist das langweilig!« hat Franzi gestöhnt. »Ich wecke die Oma auf. Ich schreie ganz laut, bis sie unter den Blumen hervorkrabbelt.«
»Franz, hör auf! So etwas sagt man nicht. Geh jetzt in dein Zimmer.« Meine Mutter war entsetzt.
Franzi hat ganz erschrocken geblinzelt hinter seiner Brille. Woher sollte er denn wissen, daß der Tod nicht derselbe Schlaf ist, wie er ihn kannte?
Später habe ich mit Anne über den Tod gesprochen. Ich werde versuchen, unsere Gespräche aufzuschreiben, so genau, wie ich mich noch daran erinnern kann. Es waren gute Gespräche, die ich nie vergessen möchte.

Aber zunächst haben wir nur an das Leben gedacht. Für mich stand fest, daß sie wieder gesund war. Wenn man krank ist, geht man nicht zur Schule. Ist doch klar.
Manchmal erfuhr ich ganz nebenbei etwas, das mit ihrer Krankheit zusammenhing, so ganz am Rande. Einmal schwärmte sie: »Ich habe eine neue Stereoanlage bekommen. Einfach Spitze, sage ich dir. Einen Supersound hat die. Du mußt mich unbedingt besuchen, dann hören wir zusammen Musik.«
»Hast du es gut! Ich habe nur einen Kassettenrecorder, und der ist auch schon altersschwach. Sind deine Eltern reich?«
»Bestimmt nicht! Die haben sich ganz schön in Unkosten gestürzt«, sagte sie und lachte. »Selber schuld! Warum wetten sie auch. Mein Vater kam auf die Idee.«
»Um was habt ihr denn gewettet?«
»Ach, nur so.« Annes Gesicht verdüsterte sich. Sie drehte den Kopf von mir weg. Aber nur für einen Augenblick, dann wandte sie sich mir wieder zu. »Ich kann es dir ruhig erzählen. Es war keine richtige Wette, es war eigentlich ein Versprechen. Wenn ich den Krebs besiege, dann kriege ich eine ganz tolle Anlage. Weißt du, bei dieser Krankheit muß man nämlich kämpfen. Du mußt dich mit aller Kraft dagegenstemmen und dich nicht unterkriegen lassen. Mein Vater hat gesagt: ›Du schaffst das, wetten?‹ Und dann hat er mir versprochen, wenn ich wieder gesund werde, kriege ich eine Stereoanlage.«
Ich wollte gern ihre Anlage sehen. Wir stellten dann fest, daß wir leider weit auseinander wohnten. Wenn ich sie besuchen wollte, mußte ich entweder mit dem Fahrrad eine ziemlich gefährliche Straße entlangfahren oder einen Bus nehmen.
Aber Anne sah noch eine andere Möglichkeit. »Morgen haben wir Nachmittagsunterricht, bis vier. Meine Mutter holt

mich immer mit dem Auto ab. Da kann sie dich gleich mitnehmen. Und abends fährt sie dich zu dir nach Hause. Was hältst du davon?«

»Meinst du, das macht sie?« Ich dachte an meine Mutter, die immer müde war, wenn sie von ihrem Halbtagsjob als Kassiererin im Supermarkt heimkam.

»Ich spreche mit ihr und gebe dir morgen Bescheid«, sagte Anne. »Du kannst schon mal deine Eltern fragen, wie lange du bleiben darfst. Vielleicht können wir auch zusammen Abendbrot essen. Das fände ich toll.«

Anne erzählte noch, daß ihre Mutter arbeitslos war. Sie hatte in einer Musikalienhandlung Schallplatten verkauft, bis Anne krank wurde. Dann hatte sie gekündigt, um sich nur noch um Anne kümmern zu können. Jetzt suchte sie eine neue Arbeit. Denn Anne war wieder gesund.

Frau Herzog war genauso nett wie Anne. Klar, sie war anders, so wie eine Mutter eben ist. Aber sie war gleich beim ersten Mal sehr herzlich. »Solange ich noch zu Hause herumhänge, könnt ihr mich ruhig als Privattaxi in Anspruch nehmen«, meinte sie großzügig. »Fahr bloß nicht auf der Hauptstraße mit dem Fahrrad. Das ist lebensgefährlich.«

Zu Hause hatte ich nur gesagt, daß ich Anne besuchen wollte, die neu in unsere Klasse gekommen sei. Meine Mutter fragte auch nicht weiter. Nur mein Bruder wollte wissen: »Ist sie deine Freundin?«

»Ja«, sagte ich. »Sie sitzt neben mir, und sie ist meine Freundin.«

»Dann ist es gut«, meinte Franzi.

»Warum?«

»Weil man nicht zu Fremden gehen darf«, belehrte mich unser Mini-Professor, »die machen dich tot.« Er verdrehte die Augen und ließ sich auf den Teppich fallen, um mir zu zei-

gen, wie das aussieht, wenn man tot ist. Er fand das schön.
»Hör auf damit. Kannst du nicht etwas anderes spielen?« fuhr ich ihn an.
Franzi stand auf und »starb« mir gleich noch einmal was vor.
»Wie im Fernsehen«, rechtfertigte er sich.
Wahrscheinlich stellte er sich vor, daß die Toten, die man täglich auf der Mattscheibe sieht, auch alle wieder aufstehen, sobald die Sendung vorbei ist. Vielleicht hatte er Omas Tod schon vergessen, oder er glaubte, daß sie im Himmel auferstanden war. – Wie im Fernsehen.

4

Anne hatte ein helles, großes Zimmer, und ihre Anlage war super. Die Lautsprecherboxen hingen rechts und links vom Fenster, und die Geräte dazu standen neben ihrem Bett. Sie hatte auch viele Kuscheltiere und einen Vogel aus bunten Federn. Den konnte man aufziehen wie eine Spieluhr. Dann zwitscherte der so echt, daß man ihn von einem lebendigen Vogel nicht unterscheiden konnte. Anne sagte mir, er habe die Stimme einer indischen Nachtigall. Doch am besten gefiel mir ein kleiner Delphin aus Plüsch. Ich mochte ihn gar nicht wieder loslassen.

»Ach, der viele Krempel«, sagte Anne, als sie bemerkte, wie ich alles mit den Augen verschlang.

»Mir gefällt das«, gab ich offen zu. »Ich habe auch ein paar Kuscheltiere, aber nicht so groß und schön wie deine. Und mein Teddy, der schon so alt ist wie ich, hat überall dicke rote Punkte. Mein kleiner Bruder hat ihn mit einem Filzschreiber ›angesteckt‹, als er Masern hatte.«

Anne lachte. »Na, so was kann mir nicht passieren. Ich habe keine Geschwister. Aber dafür ist es auch oft langweilig. – Was willst du hören?« Sie zeigte mir ihre Sammlung von CDs.

Das machte mich etwas hilflos. »Leg einfach auf, was du magst«, schlug ich vor. »Weißt du, ich kenne mich damit nicht aus. Ich habe bloß ein paar Kassetten, nichts Besonderes. Meine Eltern haben noch so einen alten Plattenspieler, einen für die großen, schwarzen Schallplatten. Aber der verstaubt nur. Wir hören nie Musik. Höchstens am 24. Dezember, wenn Bescherung ist. Dann legt mein Vater immer bayrische Weihnachtslieder auf. Weil wir alle nicht singen können,

und weil auf der Plattenhülle so eine schöne Schneelandschaft ist.«
Das fand Anne sehr komisch, und wir lachten beide. »Bei uns ist das anders«, sagte sie. »Wenn mein Vater Streß im Büro hatte, entspannt er sich abends am Klavier. Aber natürlich spielt er auch aus Freude. Meine Mutter faßt kein Instrument an, dafür kann sie stundenlang im Sessel sitzen und Klassik hören.«
Anne zog eine von den kleinen silbernen Scheiben aus der dazugehörigen Plastikschachtel und schob sie in den CD-Player. Aber bevor die Musik begann, verwandelte sie mit ein paar Handgriffen ihr Zimmer. Sie holte unter dem Bett zwei dicke, mit Blumenstoff bezogene Sitzkissen hervor, stellte eine Kerze auf einen Schemel und daneben etwas, das es bei uns in der Wohnung auch nicht gab. Es hatte entfernte Ähnlichkeit mit einer dünnen Salzstange. Sie zündete die Kerze an und dann auch die Salzstange, die nämlich ein Räucherstäbchen war. Anne ließ die Rolläden vor ihrem Fenster so weit herunter, daß es dämmrig im Zimmer wurde. Dann erst schaltete sie die Anlage ein.
Es war eine seltsame Musik. Zuerst hörte man nur Meeresrauschen und Möwengeschrei, dann von ferne Flötentöne, die näher zu kommen schienen und sich schließlich mit tiefen Gongschlägen mischten. Von dem Räucherstäbchen war das Zimmer bald in einen feinen Duft gehüllt. Ich kam mir vor wie in einer anderen Welt.
Anne saß entspannt auf ihrem Blumenkissen, mit dem Rücken an die Bettkante gelehnt. Obwohl mir die Musik gefiel, hatte ich doch erhebliche Probleme mit dem Zuhören. Mich machten diese sanften Töne kribbelig. Es war so ungewohnt, einfach nur zu sitzen und zu hören. Ich rutschte auf meinem Kissen hin und her. Am liebsten wäre ich aufgestan-

den und ein bißchen herumgelaufen. Anne schien meine Hibbeligkeit gar nicht zu bemerken. Sie war tief in den Klängen versunken und sah glücklich aus.
Ich wollte sie nicht stören und nahm mich zusammen. Das gelang mir sogar. Langsam legte sich meine Unruhe. Das dämmrige Licht und der starke Duft hüllten mich ein. Ich nahm den Delphin in die Arme und wünschte mir, mit ihm in einem warmen, blauen Meer zu schwimmen und in den Wellen zu spielen.
Es geschah nichts Aufregendes an diesem Nachmittag, nichts, was man weitererzählen möchte, weil es so toll war. Wir hörten Musik, es roch gut und ich driftete davon ein wenig ab. Doch ich habe diesen ersten Besuch bei Anne noch ganz lebendig in Erinnerung. Es war einfach urgemütlich. Und es war anders, als Besuche sonst so ablaufen.
Als Frau Herzog mich am Abend nach Hause fuhr, kam Anne noch mit. Sie drückte mir den kleinen Delphin in die Hand. »Hier!« sagte sie. »Er will deine Plüschtiere kennenlernen. Delphine sind sehr gesellig.«
Sie lachte über meine Verblüffung. Anne lachte überhaupt gern.
Erst jetzt wird mir das bewußt. In der Erinnerung. Als ich noch täglich mit Anne zusammen war, habe ich mir keine Gedanken darüber gemacht. Aber gestern ist mir etwas Merkwürdiges passiert. Ich war mit Franzi im Freibad. Es waren viele Kinder dort, jetzt in den großen Ferien und bei der Hitze. Zwischen all den Stimmen, dem Geplansche und Gequietsche habe ich auf einmal ein Lachen gehört wie von Anne. Ich konnte nicht feststellen, woher es kam. Seitdem klingt es in meinem Inneren nach, Annes Lachen. Ist das nicht seltsam, daß man etwas hören kann, was es gar nicht mehr gibt?

Das nächste, an das ich mich erinnere, war eine Biologiestunde. Wir sollten uns Gedanken darüber machen, wie die Pflanzen Wasser aufnehmen können.
»Trinken«, sagte Christian. »Gluck, gluck, gluck...«
»Bitte ernsthaft«, mahnte Bio-Hense.
Aber die Klasse war in alberner Stimmung.
»Da sind kleine graue Männchen mit Löffelchen und Becherchen«, blödelte Benjamin.
Das überhörte Herr Hense mit ausdruckslosem Gesicht.
»In einer Blumenvase«, sagte Jasmin. Sie strich sich die Haare aus dem Gesicht und warf Herrn Hense einen Schmachtblick zu.
»Wenn ihr glaubt, ihr könnt euch vor einem ernsthaften Unterricht drücken und dumme Späßchen mit mir treiben, dann habt ihr euch geirrt«, blaffte unser Biolehrer los. »Holt ein Stück Papier heraus und schreibt auf, wie eurer Meinung nach Pflanzen Feuchtigkeit aufnehmen. Name nicht vergessen! Ihr habt genau zehn Minuten Zeit. Dann sammele ich die Blätter ein.«
Wir stöhnten und murrten. Ich schrieb genau drei Worte: Durch die Wurzeln. Mehr fiel mir nicht ein. Schließlich hatten wir das Thema noch nicht durchgenommen. Woher sollte ich das wissen? Der Hense hat die Blätter dann tatsächlich eingesammelt.
Nach der Stunde sagte Anne: »Hört mal her! Das lassen wir uns nicht gefallen. Wenn der Hense uns ärgern will, ärgern wir ihn auch. Ich habe eine Idee! Haltet doch mal eure Klappe!«
Alle drängten sich um Anne. Marian boxte ganz cool Laura vom Tisch weg. Es gab deswegen ein bißchen Geschrei, aber danach hörten alle Anne zu.
»Die Klasse, in der ich vorher war, hat im letzten Herbst eine

Wanderung mit dem Hense gemacht«, begann sie. »Immer an Feldern entlang und durch einen Wald. Keiner durfte laut reden. Der Hense wollte die Vogelstimmen hören. ›Das ist eine Tannenmeise und das ein Rotkehlchen, und diese Töne dahinten rechts kommen von einem Dompfaffmännchen.‹ So ging das die ganze Zeit. Was der alles gehört hat, könnt ihr euch gar nicht vorstellen. – Also, nun kommt mein Vorschlag: Ich habe zu Hause einen Vogel, den kann man aufziehen, dann piept der total echt. Den könnten wir im Schrank verstecken. Mal sehen, was dem Hense dazu einfällt.«
»Ja, prima, spitze!« Jeder war einverstanden.
Anne brachte zur nächsten Biostunde tatsächlich ihre indische Nachtigall mit. In der Pause setzten wir den Spielvogel probeweise in den Schrank und zogen ihn auf. Durch die geschlossene Tür war das Gezwitscher leise, aber noch gut zu hören. Es klang, als säße der Vogel in einem Baum, der ein gutes Stück entfernt war. Da es vor unserer Schule Pappeln gibt, wirkte das echt.
Anne zog den Spielvogel auf und hielt ihn fest, bis Herr Hense im Klassenzimmer war. Im allgemeinen Durcheinander, bis jeder auf seinem Platz saß, fiel es nicht auf, daß sie rasch etwas in den Klassenschrank legte und die Tür zuschlug.
Es wurde still.
Herr Hense nörgelte über unseren schlechten Test von der letzten Stunde. Im Schrank zwitscherte wie von ferne Annes indische Nachtigall. Herr Hense ging zum Fenster, nörgelte dabei weiter, verhaspelte sich, hörte schließlich auf zu reden und ging noch näher ans Fenster.
In diesem Augenblick war das Spielwerk abgelaufen. Der Vogel schwieg. Herr Hense konzentrierte sich wieder auf uns. Nach ein paar Minuten stand Steffen auf, holte ein

Stück neue Kreide aus dem Schrank und legte sie Herrn Hense aufs Pult.
»Sehr aufmerksam, danke«, lobte Bio-Hense.
Steffen fummelte dann ein bißchen unter seiner Bank herum, stand noch einmal auf und ging wieder zum Schrank.
»Ich habe vergessen, die Tür zu schließen«, sagte er entschuldigend.
Herr Hense nickte beiläufig und redete weiter. Der Vogel fing wieder an zu zwitschern. Elke und Jasmin konnten sich kaum noch das Lachen verkneifen, und ich saß auch mit gesenktem Kopf da, um ja niemanden anzugucken. Sonst wäre ich geplatzt.
Herrn Hense zog es unwiderstehlich zum Fenster. Mit einem Ruck schob er den Riegel zurück und lehnte sich hinaus. Marian machte Faxen hinter seinem Rücken und Christian rief: »Ist da draußen was?«
Aber Herr Hense schüttelte den Kopf. »Ich dachte, ich hätte – hm, merkwürdig. Draußen hört man es nicht so deutlich wie hier drin.«
»Nebengeräusche«, warf Dicki einfach so in den Raum.
»Vielleicht kommen die aus dem Musikraum«, ergänzte Nahire.
Der Vogel gab einen letzten langgezogenen Triller von sich, dann war das Spielwerk wieder abgelaufen.
»Was hören Sie denn?« hakte Christian nach. »Ist da ein seltener Vogel oder was?«
Er lief einfach zum Fenster, Marian, Dicki und Laura hinterher. Sofort versuchte Herr Hense sie wieder auf die Plätze zu scheuchen. Aber mit einem Mal waren alle von den Stühlen aufgesprungen und drängten zum Fenster. Nur Steffen nicht. Es gelang ihm, den Spielvogel wieder aufzuziehen, und Hense merkte noch immer nichts in dem Durcheinander.

»Was ist das für einer? Wie heißt der, Herr Hense? Hören Sie den Vogel? Der singt schon den ganzen Morgen hier irgendwo. Sie kennen sich doch aus.« Wir redeten alle gleichzeitig.
»Donnerwetter, nun seid endlich ruhig!« schrie Bio-Hense uns an. »Wie soll man bei dem Krach was hören?«
Augenblicklich war Stille in der Klasse.
»Nun, ich würde sagen... das ist ein Grasmückenmännchen. Äußerst selten.«
Das war zuviel. Das Gelächter brach los. Wir konnten uns beim besten Willen nicht mehr zurückhalten. Da bemerkte Herr Hense, daß wir ihn hereingelegt hatten. Er guckte etwas säuerlich, hielt sich aber sonst zurück.
Als das Spielwerk zum dritten Mal abgelaufen war, sagte er:
»So, jetzt habt ihr euern Spaß gehabt. Nun verratet mir mal, was da im Schrank versteckt ist.«
»Eine indische Nachtigall!« brüllten wir im Chor.
Endlich war die Biostunde mal nicht langweilig und knochentrocken. Das hatten wir Anne zu verdanken. Alle lachten, nur sie selber nicht.
»Was ist mit dir?« Ich stieß sie an.
»Müde«, sagte sie nur.
Am nächsten Tag kam Anne nicht zum Unterricht.

5

Laura und Nahire hatten Schnupfen, Mathe-Töni auch. Das Wetter hatte sich seit einigen Tagen stark abgekühlt, und es regnete.

Nach der Schule rief ich bei Anne an. Frau Herzog war am Telefon.

»Warum war Anne heute nicht in der Schule?« fragte ich.

»Sie hat Schnupfen.«

»Ach so! In unserer Klasse sind noch mehr am Niesen«, entgegnete ich leichthin. »Anne hat einen sehr guten Englisch-Test geschrieben. Nur einen Fehler! Ich habe ihr Blatt mitgenommen. Soll ich es vorbeibringen?«

»Nein, Sabine. Der Test hat Zeit.«

So kurz und knapp hatte ich Annes Mutter noch nie erlebt. Ihre Stimme klang gereizt. Ich wollte noch fragen, ob Anne kurz ans Telefon kommen könnte, aber Frau Herzog ließ mich gar nicht zu Wort kommen.

»Anne ruft dich an, wenn es ihr wieder besser geht. Bis bald, Sabine«, sagte sie und legte auf.

Bisher hatte mich Annes Mutter immer fröhlich begrüßt und mit mir geredet. Ich hatte mir angewöhnt, Anne nach dem Unterricht zum Auto zu begleiten. Ihre Mutter holte sie täglich ab. Jedesmal war Frau Herzog freundlich. So schroff, wie eben am Telefon, hatte ich sie noch nie erlebt.

Ich war ein bißchen sauer, weil ich mir abgeschoben vorkam. Man wird doch wohl mal anrufen dürfen, dachte ich.

Das muß an einem Freitag gewesen sein, denn ich weiß noch, daß ich am Wochenende zu Hause herumsaß und auf Annes Anruf wartete. Aber sie rief nicht an. Sie kam auch am Montag nicht zur Schule.

Ihr kleiner Delphin lag auf meinem Bett. Bisher hatte ich ihn Anne noch nicht zurückgebracht. Ich nahm das Stofftier in die Hand und überlegte gerade, ob aus Annes Schnupfen vielleicht eine Grippe geworden war, mit Fieber und Halsweh. Da kam Franzi in mein Zimmer gestapft. Er blinzelte ein wenig hinter seinen Brillengläsern und sagte dann: »Denkst du an die da?«

»Wie bitte?« Ich wußte, was er meinte, aber es überraschte mich. Konnte Franzi Gedanken lesen? Er hatte Anne noch nie gesehen.

Da sagte unser Mini-Professor: »An deine neue Freundin, die mit der Glatze.«

Er grinste übers ganze Gesicht und setzte sich vor mich auf den Teppich. »Ich bin schlau! Leihst du mir den Plüschfisch? Dann sage ich dir, woher ich das weiß.«

»Der gehört Anne. Wehe, du schmierst den voll. Außerdem ist das kein Fisch, sondern ein Delphin.« Ich gab ihm das Kuscheltier. »Los, nun sag schon.«

»Ich habe gesehen, wie du neulich in dem Auto nach Hause gekommen bist. Da hat sie hinten drin gesessen, und sie hatte keine Haare«, sagte Franzi.

Das konnte er nur gesehen haben, wenn er in meinem Zimmer aus dem Fenster geguckt hatte. Und da hatte er nichts zu suchen, wenn ich nicht da war!

Ich schnauzte Franzi an. Aber der blieb völlig ungerührt. Er hat kein bißchen Respekt vor mir und macht, was er will. Vor Ärger wollte ich ihm den Delphin entreißen, da sagte er: »Die ist krank. Stimmt's?«

»Du sollst nicht in mein Zimmer gehen! Das habe ich dir schon hundertmal gesagt. Gib den Delphin her. Woher willst du wissen, ob Anne krank ist? Was geht dich überhaupt meine Freundin an?«

»Ich bin eben schlau.« Franzi grinste selbstzufrieden. »Wenn ein Mädchen keine Haare hat, ist es krank. Besuchst du sie?«
Ich schüttelte den Kopf. »Sie hat Schnupfen. Nichts weiter. Ich habe mit ihrer Mutter telefoniert.«
»Haarschnupfen«, sagte mein Bruder.
»Quatsch! So etwas gibt es nicht.«
»Und warum hat sie dann eine Glatze?«
Kleine Brüder können nerven. Franzi jedenfalls ging mir total auf den Geist an diesem Tag. Nie ist man vor ihm sicher. Er grabschte schnell nach Annes Delphin und sauste damit aus meinem Zimmer. Sein Glück! Sonst hätte ich ihm eine geklebt.

Wenn ich mich geärgert habe, muß ich mich bewegen. Dann fahre ich am liebsten Fahrrad. Kaum spüre ich den Wind im Gesicht, geht es mir gleich besser. Ich holte auch jetzt mein Bike aus dem Keller, noch immer wütend auf meinen Bruder. Zuerst kurvte ich nur in unserer Gegend herum. Aber weil das bald langweilig wurde, überlegte ich mir ein Ziel und kam auf die Idee, bei Anne vorbeizuschauen.
Das Wetter war angenehm kühl nach den vorangegangenen Regentagen. Ich fuhr durch einige Nebenstraßen, weil dort nicht so viel Verkehr war. Es war zwar ein Umweg, aber das machte mir nichts aus. Als ich bei Annes Haus ankam, war meine Laune wieder besser. Trotzdem konnte ich ein mulmiges Gefühl nicht unterdrücken, ohne genau zu wissen, warum. Ich klingelte, und erst nach einer ganzen Weile hörte ich Schritte hinter der Tür. Nicht Anne, sondern ihre Mutter öffnete mir.
»Ach, Sabine«, sagte sie mit einem müden Seufzer.
Kein Lächeln, so wie sonst. Ihre Locken hatte sie straff zurückgekämmt. Sie kam mir traurig vor, erschöpft und ver-

schlossen. Ihr Aussehen erschreckte mich. Ganz offensichtlich war ich hier nicht willkommen.
»Entschuldigung, ich war gerade in der Nähe, und da –« Mehr fiel mir nicht ein.
Als Antwort seufzte sie wieder, doch dann schien sich Frau Herzog zu besinnen. Sie streckte mir die Hand entgegen und sagte: »Komm herein. Anne wird sich freuen.«
Aber eigentlich wollte ich jetzt gar nicht mehr. Ich hatte bloß nicht den Mut zu widersprechen. Frau Herzog legte mir eine Hand auf die Schulter, und ich fühlte, daß sie zitterte.
»Komm.« Sie wies mich zur Gästetoilette. »Zieh hier deine Schuhe aus«, sagte sie, »und wasch deine Hände gründlich mit Seife.«
Ich gehorchte, obwohl ich das sehr merkwürdig fand.
Zum Abtrocknen gab sie mir ein frisches Handtuch. Danach holte sie einen Becher von der Fensterbank und schüttete ein paar Tropfen aus einer braunen Flasche hinein. Sie füllte Wasser dazu, und ich mußte mir damit den Mund spülen.
»Du wunderst dich, Sabine«, sagte Frau Herzog, die mir bis dahin nur kurze Anweisungen gegeben hatte. »Dieser Umstand muß sein. Du bringst Millionen Bakterien mit. Anne ist anfälliger als andere Kinder. Sie muß sehr vorsichtig sein. Du darfst ihr auf keinen Fall die Hand geben und nicht zu dicht an sie herangehen. Versprichst du mir das?«
Ich nickte stumm.
Anne lag im Bett. »Hey«, sagte sie mit einem dünnen Lächeln. »Prima, daß du gekommen bist. Es ist tierisch langweilig, aber noch tausendmal besser als in der Klinik. War sicher nicht einfach, an meiner Mutter vorbeizukommen. Stimmt's?«
»Ich hatte keine Ahnung, daß du so krank bist. Deine Mutter hat am Telefon gesagt, du hättest Schnupfen.«

»Ja, das stimmt. Ich habe einen ganz gewöhnlichen Schnupfen. Aber der bringt mich fast um. Weißt du, durch die Chemos sind die Leukos stark vermindert, und dadurch hat mein Körper keine Abwehrkräfte mehr. Verstehst du?«
Ich schüttelte den Kopf. »Kein Wort.«
»Sei froh«, sagte sie. »Ich beneide jeden, der noch nie etwas von Leukozyten gehört hat. Aber ich erkläre dir das mal. Also, durch die Chemotherapie, kurz Chemo genannt, ist ganz viel Gift in meinen Körper gepumpt worden. Ich stelle mir das wie in einem Krieg vor. Die Chemos töten die Krebszellen, aber leider trifft es auch die weißen Blutkörperchen. Wie Frauen und Kinder, wenn in einem Krieg die Bomben auf die Städte fallen. Die weißen Blutkörperchen werden von den Ärzten Leukozyten genannt und von den Schwestern einfach Leukos. Ist alles dasselbe. Naja, die Leukosippe versucht sich wieder zu vermehren. Das geht bloß nicht so schnell. Und wenn dann ein paar gemeine Schnupfenviren angeflogen kommen, bricht gleich wieder Krieg aus. Ziemlich spannend, sag ich dir.«
»Schrecklich! Ich möchte das nicht haben.«
»Meinst du, ich?« sagte Anne. »Wenn ich ehrlich bin, finde ich es auch nur schrecklich und nicht spannend. Ich versuche immer so zu tun, als hätte ich keine Angst. Das sage ich aber nur dir. Du darfst mit niemandem darüber sprechen. Versprichst du mir das?«
»Du kannst dich auf mich verlassen«, versicherte ich ihr. »Aber wenn du nicht sagst, daß du Angst hast, dann hilft dir auch keiner.«
»Wer soll mir denn helfen?« fragte Anne.
»Na, deine Mutter und dein Vater oder der Doktor.«
»Ach Sabine! Meine Eltern haben doch selber Angst. Sie sehen immer das Krebsmonster und können es nicht verscheu-

chen. Das macht sie fertig. Ich kann unmöglich mit ihnen darüber sprechen. Das halten sie nicht aus.«
Anne schluchzte leise. Sie wischte sich mit dem Handrücken die Tränen weg. »Du kannst dir nicht vorstellen, wie das ist, wenn man seine Eltern so leiden sieht und genau weiß, daß man selber der Grund dafür ist.«
Ich stand auf und wollte zu ihr. Aber Anne hob abwehrend die Hand. Ach ja, die mörderischen Bakterien. Sie durften nicht auch noch Verstärkung bekommen.
Bedrückt setzte ich mich wieder. Der Stuhl war hart und unbequem.
»Weißt du, was das Schlimmste ist?« Annes Stimme wurde noch leiser. »Mein Vater – er läßt Mama im Stich. Er hält es nicht mehr aus hier und vergräbt sich in seiner Arbeit. Oder er sitzt stundenlang am Klavier. Mama macht ihm Vorwürfe deswegen. Es gibt Krach. Beide behaupten, das habe überhaupt nichts mit mir zu tun. Aber sie können mich nicht täuschen.«
»Was sagt denn der Arzt?« fragte ich hilflos.
»Ach, der!« Anne holte tief Luft. »Doktor Meysler ist sehr freundlich. Er kommt jeden Tag vorbei. Er blödelt dann immer ein bißchen mit mir und beglückt mich mit seinen komischen Sprüchen: ›Das kann doch einen Seemann nicht erschüttern.‹ Oder: ›Wir lassen uns nicht ins Bockshorn jagen.‹ Sein Lieblingsspruch lautet: ›Ein Schnupfen wirft keinen Elefanten um.‹ Weißt du, so hält er Abstand. Innerlich, meine ich. Er ist nur für die Bakterien zuständig. Alles andere ist nicht sein Fach. – Ich bin so froh, daß ich wenigstens mit dir offen reden kann. Du mußt wiederkommen.«
»Wenn mich deine Mutter hereinläßt! Aber hör mal, Anne, du siehst gar nicht so aus, als ob du schrecklich krank wärst«, sagte ich.

»Wie sieht denn deiner Meinung nach ein Schwerkranker aus?« fragte Anne.
»Das weiß ich nicht genau«, gab ich zu. »Ich habe noch nie einen gesehen. Aber ich kann einfach nicht glauben, daß dieser Schnupfen für dich lebensgefährlich sein soll.«
Anne antwortete nicht gleich. In ihren Gedanken ging etwas vor, das sie wohl zuerst selber ordnen mußte. Doch ganz langsam, fast wie in Zeitlupe erhellte sich ihr Gesichtsausdruck. Dann sagte sie trotzig: »Ja, du hast recht. An diesem Scheißschnupfen sterbe ich jedenfalls nicht.«
Nach dreieinhalb Wochen kam sie wieder zur Schule. Die Schlacht gegen die Viren hatte sie gewonnen.

Ich freute mich, als Anne wieder neben mir saß. Manchmal aber wünschte ich auch, sie wäre nie in unsere Klasse gekommen. Ich mochte Anne. Sie war rasch meine Freundin geworden. Dennoch wäre es mir lieber gewesen, eine gesunde Freundin zu haben. Es fällt mir schwer, das zuzugeben. Aber es ist leider wahr. Ich fürchtete mich vor ihrer Krankheit. Nicht wegen der Ansteckung, daran habe ich nie gedacht. Ich wollte einfach nichts davon wissen, daß jeder eine schlimme Krankheit bekommen kann. All die Spritzen und Schmerzen und die Angst, die damit verbunden ist, – das wollte ich weit von mir wegschieben. Und tief in mir verborgen war noch ein anderes Gefühl... Ich schäme mich sehr. In Gedanken habe ich Anne immer und immer wieder um Verzeihung gebeten deswegen. Es war ein Gefühl der Erleichterung, daß sie die schreckliche Krankheit hatte und nicht ich.
Noch heute macht mir das zu schaffen. Aber hätte es etwas geändert, wenn ich nicht so eigennützig gedacht hätte? Ich finde darauf noch immer keine Antwort.

6

Kurz nachdem Anne ihren Schnupfen überwunden hatte und wieder regelmäßig zur Schule kam, beriefen Dickis Mutter und Frau Schneider-Solle eine Elternversammlung ein. Frau Dickmann ist die Elternsprecherin von unserer Klasse. Anschließend stellten mich meine Eltern zur Rede.
»Wieso hast du uns nichts davon erzählt, daß eine Krebskranke neben dir sitzt. Offensichtlich wußten alle Eltern Bescheid, nur wir nicht«, fing meine Mutter an.
Mein Vater machte eine beschwichtigende Geste in ihre Richtung. »Nun wissen wir es ja«, sagte er. »Es gab jedenfalls von einigen Eltern Einwände gegen dieses Mädchen.«
»Was für Einwände?« wollte ich wissen. »Anne ist nicht mehr krank, nur noch geschwächt.«
Meine Mutter zögerte. »Gestern abend ging es um die Frage, ob es eine gute Lösung sei, gesunde Kinder mit einer Krebskranken in eine Klasse gehen zu lassen. Diese Krankheit kann immer wieder ausbrechen, und manchmal endet sie tödlich. Viele Kinder fragen zu Hause danach, weil sie Angst bekommen. Eine Mutter berichtete, ihre Tochter wollte von ihr wissen, was der Tod sei. Die Mutter meinte, es wäre ihr lieber, Kinder in eurem Alter würden an das Leben denken und nicht an das Sterben.«
»Du meine Güte! Haben die zu Hause keinen Fernseher?« warf ich ein.
»Weich nicht aus«, sagte mein Vater. »Was hat das mit eurer Klasse zu tun?«
»Nichts! Aber mit dem Tod. Es wird jeden Tag von Morden berichtet, von Kriegen, von Aids und so was. Kaum hast du die Flimmerkiste eingeschaltet, kannst du zusehen, wie Men-

schen sterben. In den Krimis gibt's dann noch ein paar Leichen extra. Dagegen sagt keiner etwas. Aber wenn ein Mädchen in unsere Klasse geht, das Krebs hatte – und jetzt wieder gesund ist, dann regen sich die Eltern auf. Könnt ihr mir bitte erklären, warum das so ist?«
»Du mußt nicht alles in einen Topf werfen«, sagte meine Mutter. »Die Menschen im Fernsehen kennt man nicht. Deshalb berührt es einen nicht so. Ob aber dieses Mädchen in eurer Klasse wirklich den Krebs überwunden hat, kann man erst nach fünf Jahren sagen.«
»Soll Anne etwa fünf Jahre nicht zur Schule gehen?«
Meine Eltern schwiegen. Und dann wechselte meine Mutter zum nächsten Punkt der Elternversammlung über.
»Gestern kam auch zur Sprache, daß es in eurer Klasse oft grob, ja sogar gewalttätig zugeht«, sagte sie.
»Das stimmt«, gab ich zu. »Bei uns fliegen oft die Fetzen. Wir Mädchen lassen uns nichts von den Jungen gefallen und die nicht von uns. Hat die betreffende Mutter auch berichtet, daß ihre Tochter manchmal fragt, was Gewalt ist?«
»Nein«, meine Mutter schüttelte den Kopf. »Aber wir haben dich nicht auf eine Gesamtschule geschickt, um dich den Angriffen von verwahrlosten Kindern auszusetzen.«
»Unsere Klasse ist prima«, versicherte ich. »Und Anne paßt gut zu uns. Verwahrlost, wie du das nennst, ist keiner. So, nun laßt mich in Frieden mit euren Vorurteilen!«
»Warum regst du dich eigentlich so auf?« wollte mein Vater wissen. »Du bist total aggressiv.«
»Bin ich das? Na, dann liegt das wohl an unserer gewalttätigen Klasse. Ich will nicht, daß sich die Eltern in alles einmischen. Wer neben mir sitzt, kann euch egal sein, und mit wem ich mich kloppe, auch.«
»So ist das nicht!« widersprach mein Vater. »Schließlich sind

immer noch die Eltern für ihre Kinder verantwortlich. Es wurde gestern lange darüber diskutiert, wie die Umgangsformen in eurer Klasse verbessert werden könnten.«

»Was denn noch alles! Glaubt ihr wirklich, in anderen Schulen säßen die Kinder immer schön brav auf ihren Plätzen und würden keinen Krach machen? Ich mag keine Gewalt. Ich glaube, die mag niemand. Aber ich weiche auch nicht aus, wenn mir etwas nicht paßt. Als ich noch klein war und heulend bei euch ankam, wenn mir einer mein Förmchen im Sandkasten weggenommen hatte, dann habt ihr immer gesagt, ich sollte mir nichts gefallen lassen. Irgendwann habe ich es begriffen. Jetzt lasse ich mir nichts mehr gefallen. Aber die anderen Kinder auch nicht. Vielleicht war das Erziehung zur Gewalt.«

»Jaja, Eltern sind immer schuld! Hast du uns noch etwas vorzuwerfen?« fragte mein Vater.

»Nein.« Ich ging in mein Zimmer. Ich wollte jetzt keinen Krach mit meinen Eltern kriegen. In der Schule konnte ich mich wehren, zu Hause galten ganz andere Spielregeln.

Das Thema Gewalt wurde im Herbst zu unserer Projektarbeit, zuerst nur bei Frau Schneider-Solle, dann auch im Kunstunterricht, bei Frau Roos.

Unsere Klassenlehrerin forderte uns auf, in Gruppenarbeit zusammenzutragen, welche Art von Gewalt in der Schule vorkommt. Die wichtigsten Punkte wurden später an die Tafel geschrieben:

Prügeln, Treten, Beinstellen, an den Haaren reißen und so was mehr. Dann kamen die beleidigenden Ausdrücke wie: Giftnudel, Arschloch, Stinker, Scheißer, saublöde Kuh. Die Beleidigungen nannte Frau Schneider-Solle »verbale Gewalt«.

Marian meinte: »Das tut doch nicht weh. Deshalb ist es keine Gewalt.«
Da schrie Laura durch die Klasse: »Du dämliches Polenschwein.«
Marian sprang auf und hechtete zu Laura. Frau Schneider-Solle ging dazwischen. Aber wenn Benjamin ihr nicht geholfen hätte, wäre Laura bestimmt mit ein paar blauen Flecken nach Hause gegangen.
»War nur ein Beispiel«, maulte Laura. »Du sagst auch immer so was. Nun weißt du mal, wie das ist.«
Marian saß mit hochrotem Kopf auf seinem Platz. Sein Atem ging heftig.
Unsere Klassenlehrerin blieb ruhig. »Marian fühlt sich jetzt verletzt«, sagte sie. »Er hat uns anschaulich gezeigt, wie weh Worte tun können. Er hat uns sogar noch mehr gezeigt. Was nämlich?«
Nahire meldete sich. »Seine Wut.«
»Und was ist aus der Wut geworden?« fragte unsere Lehrerin.
»Angriff!« sagte Christian.
»Richtig. Die Gewalt ist auf den zurückgeschlagen, von dem sie ausgegangen ist.« Frau Schneider-Solle schrieb *Verbale Gewalt* und *Körperliche Gewalt* an die Tafel. Sie verband beide Ausdrücke mit einem Pfeil, der an beiden Enden eine Spitze hatte. »Gewalt kommt immer wieder zurück«, sagte sie. Ihr habt es gerade bei Laura und Marian beobachtet.
In der anschließenden Freiarbeit sollten wir uns ein Motto ausdenken für unser Gewalt-in-der-Schule-Projekt.
Was uns dazu einfiel war: Gewalt ist wie ein böser Zauber. Gewalt ist wie ein Pingpongball. Jasmin formulierte: Gewalt ist Männer- und Frauenkampf. Das fand aber keinen Anklang, weil es zu allgemein war. Anne kam schließlich mit

dem Vorschlag: Gewalt ist wie ein Bumerang. Er kommt immer wieder zurück.
Das gefiel uns am besten.
Röschen, also, ich meine Frau Roos, zeigte uns im Kunstunterricht ein Bild von dem spanischen Maler Picasso. Es stellte die Zerstörung der Stadt Guernica durch Bomben und Soldaten dar. Ich fand das Bild schrecklich.
»Gewalt hat immer ein schreckliches Gesicht«, sagte Röschen. Sie lächelte uns an und zupfte an den Rüschen ihrer Bluse. Sie trägt immer Kleider mit Spitzen, Bändern, Falten und lauter Zierkram. Der Spitzname Röschen paßt total zu ihr. Aber das Thema Gewalt überhaupt nicht.
Nachdem wir lange über die verrenkten Figuren und aufgerissenen Pferdemäuler auf Picassos Bild gesprochen hatten, sollten wir selber etwas malen.
»Was soll das eigentlich bringen?« fragte Anne.
»Das möchte ich auch gern wissen«, hakte ich nach, denn ich hatte kein bißchen Lust dazu, Kampf und Geschrei mit Farbe aufs Papier zu bringen. Mir reichte es völlig, was ich täglich in unserer Schule mitkriegte.
Röschen verlor ihr Lächeln nicht. »Ihr müßt euch klar werden, wieviel Schaden Brutalität anrichtet«, sagte sie. »Und wie sinnlos so etwas ist. Ihr müßt nicht immer gleich übereinander herfallen, wenn ihr wütend seid. Es gibt auch andere Möglichkeiten.«
»Fromme Sprüche«, behauptete Christian.
»Ich male eine Affenschlacht im Urwald«, verkündete Dicki.
»Nein, Tiere wollen wir nicht als Beispiel heranziehen«, widersprach Röschen. »Wir konzentrieren uns auf die menschliche Gewalt, die viel brutaler ist als die tierische.«
Steffen hielt ein rotes Löschblatt hoch. »Fertig!« rief er. »Das hier stellt ein totales Blutbad dar. Alles rot.«

Frau Roos nahm ihm das Blatt weg. »Nun seid bitte ernst«, mahnte sie. »Gewalt kann jeden von euch treffen, in der Pause, auf dem Schulhof, auf dem Heimweg.«
»Ja, genau! Deswegen müssen wir uns etwas gegen Gewalt einfallen lassen«, protestierte Anne. »Von unsern Bildern wird die Welt bestimmt nicht friedlicher.«
»Da hast du natürlich recht«, gab Röschen zu und zupfte wieder an sich herum. »Mach einen Vorschlag. Was fällt dir gegen Gewalt ein?«
»Auf Anhieb – nichts. Können wir uns nicht erstmal in Gruppen zusammensetzen und gemeinsam darüber nachdenken? Im Deutschunterricht haben wir es auch so gemacht.«
Frau Roos stimmte Annes Vorschlag zu. Aber es kam nichts Brauchbares dabei heraus. Am Ende malte doch jeder irgendwas Grausiges in Schwarz, Rot oder Kotzlila.
Anne ärgerte sich. Sie feuchtete ein Blatt ihres Zeichenblocks an und schrieb mit dickem Pinsel quer darüber: *Zeitverschwendung*. Die Buchstaben verliefen ineinander. Annes Ärger verschwamm in Tränen.
Sie war Feuer und Flamme für diese Projektarbeit. Auch beim gemeinsamen Mittagessen in der Schulmensa dachte sie noch daran.
»Immer nur Wegwerfarbeiten, Übungen für später«, maulte sie. »Was soll das bringen? Wir leben doch jetzt! Wir müssen uns etwas einfallen lassen, das nicht gleich im Papierkorb landet. Verstehst du?«
Ich verstand nicht, warum ihr das Thema so naheging. Für mich waren das Schulaufgaben, weiter nichts. Über jetzt und später dachte ich nie nach. »Kommst du nach der Schule mit zu mir?« fragte ich, um das Thema zu wechseln.
»Nein. Solange meine Haare nicht richtig wachsen, mag ich das nicht. Das weißt du doch!«

»Mein Bruder ist schon ganz neugierig auf dich«, sagte ich. »Er will deinen Delphin gar nicht wieder herausrücken.«
»Den habe ich dir gegeben, nicht deinem Bruder!« protestierte Anne. Sie sah mich vorwurfsvoll an und nuschelte dann irgendwas in sich hinein, was ich nicht verstand.
»Schon gut, ich bringe ihn dir bei meinem nächsten Besuch zurück. Bestimmt! Du kannst dich darauf verlassen. Ich passe auf, daß Franzi ordentlich damit umgeht.«
»Darum geht es nicht!« sagte Anne. »Behalte ihn, aber gib ihn nicht deinem Bruder. Ich will – « sie zögerte, »daß etwas von mir bei dir ist. Das ist mir wichtig.«
Es war manchmal schwierig zu begreifen, was in Anne vorging. Doch sie wollte meine beste Freundin sein. Das kam bei diesem Vorwurf auch heraus. Darüber freute ich mich sehr.

7

Beinahe jeden Tag bat sie: »Komm nach der Schule noch mit zu mir. Wir fragen uns gegenseitig Vokabeln ab, und anschließend hören wir meine neue CD. Bleib doch mal am Wochenende über Nacht bei mir. Sabine, bitte! Das wäre herrlich.«
Meine Mutter fand das gar nicht herrlich. »Immer steckst du mit diesem Mädchen zusammen. Es ist nicht gut für Franzi, wenn er so oft allein zu Hause ist.«
»Wieso? Du bringst ihn morgens in den Kindergarten und holst ihn nach der Arbeit wieder ab. Am Wochenende ist Papa auch zu Hause. Wann ist Franzi denn allein?« fragte ich.
»Er soll sich nicht wie ein Einzelkind fühlen«, meinte meine Mutter daraufhin. »Familienleben ist heute wichtiger denn je.«
»Willst du damit sagen, daß ich mich um Franzi kümmern soll, damit er sich nicht langweilt und dich mit seinen ständigen Fragen beim Putzen und Kochen stört oder Papa beim Werkeln in der Garage? Spielt ihr doch mit Franzi! – Bitte, laß mich eine Nacht bei Anne schlafen.«
»Werde nicht frech«, warnte meine Mutter. »Mir ist es nicht recht, wenn du so oft weg bist.« Sie seufzte. »Spiel mit gesunden Kindern. Diese Anne tut mir leid. Ich habe nichts gegen sie. Glaub mir das! Aber ich muß an meine eigenen Kinder denken. Ich will, daß ihr fröhlich aufwachst.«
»Anne braucht dir nicht leid zu tun«, widersprach ich heftig. »Warum kannst du nicht begreifen, daß sie meine Freundin ist und daß wir zusammen fröhlich sind?«
»Ich muß mich nicht vor dir rechtfertigen«, sagte meine Mutter, und dann wechselte sie das Thema.

Daraufhin ging ich zu meinem Vater. Er sah die Angelegenheit lockerer und hatte nichts dagegen, daß ich Samstag nach dem Mittagessen zu Anne ging und erst am Sonntag zurückkam. Es gelang mir, meine Eltern gegeneinander auszuspielen. Ich hatte mich durchgesetzt, aber Mama und Papa stritten deswegen.

Wenn meine Eltern Krach haben, kriege ich immer ein ganz dummes Gefühl. Es ist, als ob lauter Eisnadeln durch die Luft schwirren. Ich verschwinde so schnell wie möglich in meinem Zimmer. Meistens kommt Franzi sofort hinterher. Dann kuschelt er sich an mich und will etwas vorgelesen haben, damit er nicht hört, was nebenan im Wohnzimmer abgeht. Doch diesmal nahm ich mein Fahrrad. Ich wollte raus, am liebsten bis auf den Mond. Irgendwohin, wo es keinen Familienkrach gab und keine Freundin, die mal Krebs gehabt hatte und deshalb immer noch als »krankes Kind« galt. Irgendwohin, wo es keine Vorurteile gab und auch kein Bauchweh, weil man ein schlechtes Gewissen hatte.

Als das Wochenende mit Anne heranrückte, hatten sich die Wogen zu Hause wieder geglättet. Ich freute mich sehr, bei meiner Freundin schlafen zu dürfen.

Annes Vater spielte Klavier, als ich kam. Er war ganz anders als mein Vater, eher so, wie ich mir einen Künstler vorstelle, groß, schlank, mit lockiger Haarmähne. Eine Art Luxusvater. Anne hatte mir einmal erzählt, daß ihr Vater an einem Forschungsauftrag arbeite. Was immer das sein mochte, es war bestimmt eine saubere, bedeutungsvolle Aufgabe. Mein Vater war Automechaniker und hatte oft schmutzige Hände.

Bei Annes Eltern lief nie der Fernseher, wenn ich kam. Nie roch es aus der Küche nach Schweinebraten, nie lagen Zeitungen auf dem Fußboden verstreut. Dafür standen selbst im

Flur Bücherregale, und überall gab es Blumen. An den Wänden hingen ungerahmte Bilder, so was Abstraktes. Bei uns in der Wohnung hätten die komisch ausgesehen, aber hierher paßten sie. Ich kam mir immer ein bißchen fremd vor bei dieser Familie. Trotzdem war ich gern hier.
Obwohl draußen die Sonne schien, wollte Anne lieber im Haus bleiben. Sie fing sofort wieder an, über unser Gewalt-Projekt nachzudenken. »Weißt du, es schmeckt so bitter, wenn dich jemand beleidigt oder schlägt oder schubst, daß du im Dreck landest«, sagte sie. »Vor allem geht das immer so weiter. Erst tut dir einer weh, dann haust du zu, dann kriegt der andere die Wut und rächt sich.« Anne schüttelte den Kopf. »Rache folgt auf Rache. So wird die Gewalt immer mehr in der Welt.«
Sie strich sich mit beiden Händen über den Kopf, langsam, nachdenklich, die Augen voller Trauer. »Weißt du, diese Krankheit – es ist genau dasselbe. Erst greifen dich die Krebszellen an. Du weißt nicht einmal warum. Dann kommt der Chemo-Knüppel. Der haut den Krebs kurz und klein. Die Schwestern sagen dir das auch so. Du sollst dir vorstellen, wie du den Feind in deinem Körper umbringst. Aber du tötest dich immer auch ein Stückchen selbst dabei. Und wenn du am wenigsten daran denkst, kriechen auf leisen Pfoten ein paar klitzekleine Krebszellen aus ihrem Versteck hervor. Und dann kommt die Rache.«
»Anne, hör auf, du spinnst wohl! So darfst du das nicht sehen. Der Krebs ist eine Krankheit und kein Lebewesen. Red dir nicht so einen Unsinn ein.«
Ich ging zu ihr hin und legte ihr den Arm um die Schulter, denn sie weinte.
»Aber es ist wirklich kaum anders als Gewalt in der Schule«, sagte sie schluchzend. »Es ist eben Gewalt im Körper. Beides

ist brutal. Wenn ich nur wüßte, warum ausgerechnet ich diese Krankheit gekriegt habe.«
Wir hockten uns auf Annes Bett, krumm und entschlußlos. Herr Herzog spielte im Nebenzimmer Klavier. Eine Weile war nur die Musik zu hören und Annes Schniefen.
»Sabine, warum habe ich diesen Krieg in meinem Blut? Die Schule quillt über von Kindern, und die meisten haben noch Geschwister. Aber keines von all denen kriegt so eine blöde Krankheit. Nur ich. – Warum?«
Darauf fiel mir damals keine Antwort ein. Darauf fällt mir auch heute noch keine Antwort ein.
Zum Glück hielt Annes traurige Stimmung nicht lange an, oder sie konnte sie gut verbergen. Sie stand auf und lief durchs Zimmer, als ob sie etwas suchte. »Vergiß, was ich eben gesagt habe. Es ist vorbei, ich habe die Krankheit überwunden. Nur manchmal kommt ein Brocken hoch. Unverdaute Erinnerung, verstehst du? Naja, und die Angst, die wird man auch nicht so schnell los.«
»Scheiße«, sagte ich mitfühlend.
»Du sagst es. Aber es ist ja vorbei. Mit dir habe ich keine Hemmungen, darüber zu reden. Du wirst nicht gleich blaß und kriegst feuchte Augen, wie meine Mutter. Du haust auch nicht aufs Klavier, um nichts mehr hören zu müssen, wie mein Vater.«
»Ich finde deine Eltern sehr nett«, sagte ich, »aber du bist heute komisch drauf. Laß uns irgendwas unternehmen, damit du auf andere Gedanken kommst. Oder wollen wir etwa das ganze Wochenende Trübsal blasen?«
»Nein«, sagte Anne. »Ich habe mir schon etwas ausgedacht. Hast du Mut?«
»Wozu?«
»Zu einem Ausflug, heute nacht.«

»Was? Soll das ein Witz sein?«
»Durchaus nicht! Wollen wir nun was unternehmen oder nicht?« fragte sie und ihre Augen blitzten.

Wir warteten, bis Annes Eltern in ihrem Schlafzimmer verschwunden waren und wir annehmen konnten, daß sie schliefen. Auf Socken schlichen wir über den Flur. Anne schob den Sicherheitsriegel zurück, klinkte leise die Wohnungstür auf und ebenso leise wieder zu. Im Treppenhaus zogen wir unsere Schuhe an. Dann schlichen wir an den anderen Wohnungen vorbei nach unten.
Draußen war es windstill, aber schon empfindlich kalt. Es war bereits Mitte Oktober. Anne hatte einen Kapuzenpulli übergezogen und einen Wollschal um den Hals geschlungen. Beide trugen wir Jeans. Man konnte uns nicht gleich als Mädchen erkennen. Anne meinte, das sei nachts unbedingt von Vorteil.
Ziemlich rasch gingen wir durch das umliegende Wohngebiet. Dann überquerten wir die Hauptstraße, auf der jetzt wenig Betrieb war. Anne schien genau zu wissen, wohin sie wollte. Neben einer großen Tankstelle in der Tatenbergstraße lag eine Discothek.
»Warst du schon mal in so was?« fragte Anne und zeigte auf das zuckende Leuchtschild über dem Eingang.
Ich dachte, ich traue meinen Ohren nicht. »Bist du bescheuert? Da darf man erst rein, wenn man achtzehn ist oder mindestens sechzehn. Ich werde erst dreizehn.«
»Nur mal gucken, für eine halbe Stunde. Nicht länger. Ich kenne einen, der dort arbeitet. Los, komm mit!«
Mir fiel vor Schreck überhaupt nichts mehr ein. Kurz vor Mitternacht einfach so in eine Disco spazieren! Anne mußte verrückt geworden sein. Seltsamerweise ging Anne aber gar

nicht zu dem Eingang mit dem Leuchtschild, sondern steuerte auf die nächtlich verlassene Tankstelle zu. Dort standen zwei große Mülltonnen. Sie schnappte sich eine und schob sie an die Steinmauer heran, die das Tankstellengrundstück und den Hof hinter der Discothek trennten.

»Wir steigen jetzt auf die Tonne und klettern dann über die Mauer«, flüsterte Anne. »Vom Hof aus kommt man auch in das Lokal. Vorn, bei der Eingangstür, steht nämlich einer, der will deinen Ausweis sehen.«

»Anne, bist du von allen guten Geistern verlassen? Das sieht wie Einbruch aus. Was willst du überhaupt in dem Schuppen? Laß es sein! Das gibt Ärger.«

»Ach komm, hab nicht so viel Schiß. Ich habe es schon einmal genauso gemacht. Da ist auch nichts passiert. Ich sage dir doch, ich kenne einen, der hier jobbt. Es ist ein ehemaliger Zivi von der Krebsstation. Der gefällt dir bestimmt.«

Ich war kein bißchen neugierig auf diesen Typ. Im Gegenteil! Wenn meine Eltern dahinterkamen, durfte ich nie wieder bei Anne übernachten. Und der Krach zu Hause! Bloß wegen diesem Zivi, nein danke! Ich redete auf Anne ein und hielt sie am Arm fest. Aber sie riß sich los, sie wollte unbedingt über die Mauer klettern, nannte mich Feigling, Angsthase und spottete, daß sie beim nächsten Mal meinen kleinen Bruder mitnähme. Der würde sich bestimmt nicht so anstellen. Es fehlte nicht mehr viel, und wir hätten uns gekloppt.

Und dann passierte eben doch etwas. Mit ziemlichem Tempo kam ein grünweißes Auto die Straße herunter und hielt vor der Disco. Genau an der Ecke, obwohl da Parkverbot war. Anne duckte sich hinter die Tonne und riß mich mit. Sie krallte ihre Finger in meine Jacke. Mit pochendem Herzen hockten wir mitten in der Nacht an eine kalte Mauer gepreßt und bibberten.

»Polizeirazzia«, flüsterte Anne. »Vielleicht suchen sie den Laden nach Drogen ab.«
»Oder nach Jugendlichen unter achtzehn«, fauchte ich. »Von wegen Angsthase und Feigling! Jetzt schlotterst du genauso wie ich.«
Ich sah ihre Augen glänzen und fühlte ihren schnellen Atem. Wir quetschten uns aneinander und hielten uns gegenseitig fest. Ich weiß nicht, wer von uns beiden in diesem Augenblick mehr Herzklopfen hatte.
Aber ich war auch wütend. »Das hast du uns eingebrockt mit deinen verrückten Einfällen! Was machen wir bloß, wenn die uns hier finden? Meine Eltern rasten aus. Ich kriege den Ärger meines Lebens und darf nie wieder zu dir kommen. Lieber Gott, steh mir bei!«
»Ist gut«, sagte Anne ziemlich nüchtern. »Laß den lieben Gott aus dem Spiel. Für so was ist der nicht zuständig.«
Die Polizisten waren offensichtlich direkt in die Discothek gegangen. Sehen konnten wir das zwar nicht, aber wir hatten das Zuschlagen der Autotüren gehört, und danach nichts mehr. Anne wickelte den Wollschal um ihr Gesicht, so daß nur noch die Augen herausschauten. Aber das machte sie auch nicht unsichtbar. Da alles ruhig blieb, wagte ich nach einigen Minuten einen Blick über den Rand der Tonne. Das verdächtige Auto stand noch vor der Tür. Ich sah auch einen einsamen Fußgänger und ging sofort wieder in Deckung.
»Laß uns abhauen, Anne, bitte! Worauf warten wir denn noch?«
»Bist du verrückt?« Sie zog mich noch enger an sich heran. »Jetzt doch nicht. Wir müssen warten, bis die Luft wieder rein ist.«
Es dauerte. Wir zitterten. Ich ließ mir lauter gräßliche Sachen einfallen, wie Strafarbeit, Zahnarztbohren, eine dicke

schwarze Spinne im Bett, Fernsehverbot, Fischaugen in der Suppe, aber alles zusammen war nicht so schrecklich wie hier zu hocken. Dann huschte auch noch eine Ratte dicht an uns vorbei. Ich wäre am liebsten in Ohnmacht gefallen, aber es klappte leider nicht.

Plötzlich war Bewegung vor uns auf der Straße. Stimmen, das Klappern von Absätzen auf dem Pflaster, Husten, Motorengeräusch und wieder das Schlagen von Autotüren. Der Polizeiwagen schaltete die Scheinwerfer ein. Wir sahen die Rücklichter sich in den Scheiben des Tankstellengebäudes spiegeln. Der Wagen fuhr ab.

Die Stille danach kam mir wie ein schwarzes Loch vor. Ich fühlte mich bleischwer und gleichzeitig unendlich erleichtert. Ich sah Anne an und sie mich. Dann fingen wir an zu kichern und rannten los. Erst im Treppenhaus vor Annes Wohnungstür verschnauften wir, um uns soweit zu beruhigen, daß wir in die Wohnung schleichen konnten.

8

Dieser Beinahe-Discobesuch beschäftigte mich anschließend total. Ich hatte noch nie gewagt, nachts allein in der Stadt herumzulaufen. Vor Dunkelheit habe ich Angst und stelle mir manchmal dabei ganz blöde Sachen vor. Wilde Hunde, die mich verfolgen, oder daß ich mich verlaufe und nicht mehr nach Hause finde. Ich denke mir aus, daß maskierte Männer aus einem Auto springen und mich entführen. Lauter gruseliges Zeug. Aber nachdem alles gutgegangen war, bildete ich mir mächtig was darauf ein. Am Montag in der Schule hatte ich es schon Simone erzählt, ehe Anne kam.
»Echt? Ist ja irre!« Simone fand das wahnsinnig. »Und die Polizei hat euch nicht bemerkt?«
Das Wort Polizei ließ Jasmin aufhorchen. »Was hast du denn angestellt?« fragte sie.
Ich erzählte bereitwillig die ganze Geschichte noch einmal.
Jasmin holte einen lila Kamm aus ihrer Schultasche und begann ihre Mähne zu bearbeiten. »Ich glaube dir kein Wort«, sagte sie verächtlich. »Für wie blöd hältst du mich eigentlich?«
»Das stimmt! Frag doch Anne!«
»Frag doch Anne«, äffte mich Jasmin nach. »Immer nur Anne, Anne. Du machst wohl nur noch, was die will. Merkst du gar nicht, wie die dich um den Finger wickelt?«
»Du spinnst! Das stimmt überhaupt nicht!« schrie ich Jasmin an. »Wie kannst du so einen Quatsch behaupten?«
Sie nahm ihren lila Kamm quer zwischen die Zähne und drehte sich mit beiden Händen einen Pferdeschwanz. Dabei sah sie mich herausfordernd an. Kaum hatte sie ihre Frisur zu Ende gebracht, nahm sie den Kamm wieder aus dem

Mund und sagte mit geheucheltem Bedauern: »Du bist ganz blaß geworden, Sabinchen. Tja, die Wahrheit hört keiner gerne.«
In mir schoß der Zorn hoch. Ich lasse mich nicht beleidigen, von niemandem. In diesem Fall tat der Spott besonders weh, weil ich Jasmin bewunderte und gern zu ihrer Clique gehört hätte.
»Dämliche Kuh! Du bist neidisch darauf, daß Anne in der Klasse beliebter ist als du«, schleuderte ich ihr entgegen. »Was hast du schon zu bieten? Du bist so doof, daß es zum Himmel stinkt.«
Jasmin stürzte sich auf mich. »Du Miststück! Dir werde ich's zeigen!«
Wir schrien uns an. Ein Stuhl fiel um. Simone brüllte irgendwas, und jemand versuchte mich zu beruhigen. Aber ich war nicht mehr zu bremsen.
»Du nimmst zurück, was du über mich und Anne gesagt hast«, schrie ich und packte Jasmin bei den Haaren.
Sie kreischte und trat mir voll gegen das Schienbein. Vor Schmerz ließ ich los, langte aber gleich wieder zu. Ich krallte, riß und boxte ohne nachzudenken. So was kann die mit mir nicht machen. Das lasse ich mir nicht gefallen. Wie man sich wehren muß, hatte ich schon im Kindergarten gelernt. Da gab es auch dauernd Zoff. Ich bin damit groß geworden, und nun schlug ich um mich, schubste und trat. Diese eingebildete, blöde, angeberische, stinkdoofe –
»Aufhören! Sofort aufhören!«
Arme packten mich von hinten und rissen mich zurück. Jasmin taumelte gegen die Tafel und wurde dort festgehalten. Zwischen uns stand Frau Schneider-Solle in einem Durcheinander von umgekippten Schulranzen, verschobenen Tischen, zerfledderten Heften und einem plattgetretenen Butterbrot.

Mittendrin sah ich eine Scheibe Salami auf dem Fußboden kleben.
Ich weiß wirklich nicht, was an einer fettigen Wurstscheibe Gefühlvolles ist, aber als ich sie da so liegen sah, konnte ich die Tränen nicht mehr zurückhalten. Wahrscheinlich kam ich mir auch zertreten und plattgemacht vor. Noch ehe unsere Klassenlehrerin etwas sagen konnte, stieß ich zwischen heftigen Schluchzern hervor: »Jasmin hat angefangen.«
»Ruhe! Kein Wort!« donnerte Frau Schneider-Solle los. Sie ging langsam zum Pult. »Als erstes räumt ihr die Klasse auf. Alle gemeinsam. Dann setzt ihr euch auf eure Plätze, ohne zu reden.«
Christian, der mich gepackt hatte, löste seine Umklammerung. Er tippte mir mehrmals leicht auf die Schulter. Das sollte wohl beruhigend wirken. Dann drückte er mir ein Papiertaschentuch in die Hand. Das fand ich richtig lieb.
Christian ist auch sonst prima. Außer neben Anne würde ich am liebsten neben ihm sitzen. – Jedenfalls nicht mehr neben der doofen Jasmin.
Als wir endlich die Klasse in Ordnung gebracht hatten, kam so nach und nach zur Sprache, was vorgefallen war. Von der Unterrichtsstunde war schon die Hälfte herum. Anne saß auf ihrem Platz und hatte die Augen gesenkt. An diesem Morgen hatten wir noch kein Wort miteinander geredet. Ich stieß sie leicht an, damit sie zu mir herschaute. Ich brauchte jetzt unbedingt ein Wort von ihr, ein Zeichen, daß sie zu mir hielt. Schließlich hatte ich sie und unsere Freundschaft gerade mit den Fäusten verteidigt. Aber Anne blickte nicht einmal auf.
»Jasmin, war es deine Absicht, Sabine zu kränken?« fragte Frau Schneider-Solle.
»Pah!« sagte Jasmin pampig. »Die ist mir doch schnurzpiepegal.«

»Aber du hast sie beleidigt, und du siehst, wie sehr du ihr damit weh getan hast. Bist du bereit, dich bei Sabine zu entschuldigen?«
»Wenn es sein muß.« Jasmin verzog das Gesicht. Auf der Stirn hatte sie einen roten Kratzer. Ich hatte ganz gut zugelangt.
»Nun zu dir, Sabine. Es war gemein, was Jasmin gesagt hat. Trotzdem hättest du nicht gleich eine Prügelei anfangen müssen. Ich denke, es wäre gut, wenn du dich ebenfalls entschuldigen würdest. Es reicht, wenn ihr euch beide die Hand gebt.«
Naja, das haben wir dann getan. Aber nur, weil es Frau Schneider-Solle so wollte.
An diesem Tag geschah nicht mehr viel. Oder doch? Jasmin und ich gingen uns aus dem Wege. Christian hielt sich während der Pausen immer in meiner Nähe auf. »Für alle Fälle«, sagte er und wurde dabei rot.
Erst dachte ich mir nichts weiter, außer, daß Christian wirklich nett ist. Dann dachte ich, daß ich ihn mag. Und dann dachte ich, ob der mich auch mag?

In Gedanken war ich so mit Christian beschäftigt, daß mir zunächst gar nicht auffiel, wie still Anne war. Als mir das endlich doch bewußt wurde, schrieben wir gerade einen Mathetest. Ich hatte Schwierigkeiten mit der Textaufgabe und schielte nur mal so auf Annes Blatt. Da legte sie den Arm darüber. Sofort war mir klar, daß etwas nicht stimmte.
»Habe ich dir was getan?« fragte ich sie, nachdem Töni die Blätter eingesammelt hatte.
Anne starrte stur auf die Tafel, obwohl es da nichts zu sehen gab. Noch ehe ich nachhaken konnte, legte mir Christian von hinten die Hand auf die Schulter.

»Pause! Kommst du mit raus auf den Schulhof?«
Und ich ging mit.
Mittags dann, als der Unterricht aus war, verließ ich wie immer mit Anne zusammen die Klasse. Auf dem Flur entdeckte sie ein älteres Mädchen, das sie kannte. Die beiden unterhielten sich so lebhaft, daß ich mir blöd daneben vorkam. Ich blieb zurück. Anne schien es gar nicht zu bemerken. Ich glaube, sie wollte es nicht merken.
Auf dem Heimweg trödelte ich. Etwas hatte sich verändert, in mir drin und um mich herum. Aber was eigentlich? Ich spürte es stark und wußte trotzdem nicht, was es war. Hatte es mit Anne und mir zu tun? Irgendwas paßte nicht mehr so recht zusammen. Ihr beleidigtes Schweigen, ihre Empfindlichkeit gingen mir ziemlich auf den Geist. Widerwillig gestand ich mir ein, daß Jasmin nicht ganz unrecht hatte. Anne konnte mich zwar nicht um den Finger wickeln, aber es ging meistens nach ihrem Willen. Immer besuchte ich sie, weil Anne es so wollte. Ich war gern bei ihr, ja, das schon. Trotzdem hätte sie auch ruhig mal zu mir kommen können. Ihre Haare waren keine Entschuldigung, fand ich. Die waren noch immer kurz und fusselig, aber eine Glatze hatte sie nicht mehr. Ewig mußte ich Rücksicht nehmen auf diesen blöden Krebs, den sie hatte, als wir uns noch gar nicht kannten.
Und dann drängten meine Gedanken wieder mit Macht zu Christian. Es wäre prima, auch mal was mit ihm zu unternehmen. Das Freibad hatte zwar schon geschlossen, und die Herbstkirmes war gerade vorbei. Aber die Eisdiele bei der Schule hatte noch geöffnet. Im Elsbacher Kino gab es Nachmittagsvorstellungen. Wir könnten vielleicht am Sonntag gemeinsam mit den Fahrrädern zur Kiesgrube raus oder zur Kalksteiner Mühle. Anne hatte dazu keine Lust. »Eine Fahr-

radtour? Nee, das ist mir zu anstrengend.« Sie wollte meistens zu Hause hocken, bei Musik und Räucherstäbchen, zwischen ihren vielen Kuscheltieren. Christian war da ganz anders.
Außerdem zog es Anne vor, eingeschnappt zu sein. Ich hatte keine Ahnung, warum. Wenn sie nicht darüber reden wollte – bitte, das war allein ihre Sache. Aber sie konnte auch nicht erwarten, daß ich ein Gespräch anfing. Wie soll man denn mit jemandem reden, der sich einfach abwendet und so tut, als wäre man Luft? Na gut, dann ist sie für mich eben auch Luft!
Zu Hause setzte ich mich hin und schlug im Atlas die Wetterkarte von Mitteleuropa auf. Wir sollten uns die Klimazonen ansehen. Zweimal klingelte das Telefon. Ich rannte jedesmal hin, aber natürlich war es nicht für mich. Dann kam Franzi zu mir und wollte seine Buntstifte angespitzt haben.
»Muß das unbedingt jetzt sein?«
»Ja«, sagte Franzi, »weil ich jetzt malen will.«
»Logisch! Hätte ich mir denken können. Aber danach läßt du mich in Ruhe, verstanden?«
»Warum bist du so komisch?« wollte Franzi wissen.
»Ich muß Hausaufgaben machen. Was ist daran komisch?«
»Das meine ich nicht«, sagte er und sammelte die Stifte einzeln von meinem Schreibtisch. »Ich meine, wie du guckst.«
»Wie gucke ich denn?« fragte ich ihn.
Franzi starrte mich an, als sei ich ein Riesenteddybär, dem ein Auge fehlte. Er schien nachzudenken. Das dauerte mir zu lange.
»Wenn es dir einfällt, sagst du es mir«, schlug ich vor und schob ihn aus meinem Zimmer. Dann setzte ich mich wieder an den Schreibtisch und versuchte, mich auf die Klimazonen zu konzentrieren.

Doch schon ging die Zimmertür auf. »Jetzt weiß ich es«, rief mein Bruder. »Du hast was Dunkles vor den Augen.«
»Was habe ich?«
»Was Dunkles vor den Augen«, wiederholte er unbeirrt. »So guckst du immer, wenn du traurig bist und zu mir sagst: ›Hau ab, ich will keinen sehen.‹ Oder wenn Mama und Papa geschimpft haben.«
Ich pfefferte meinen Atlas aufs Bett. »Professor Franzi! Könntest du mich jetzt bitte allein lassen?«
Obwohl mein Bruder keine Ahnung hatte, gar nicht haben konnte, brachte er es fertig, genau auf meinen wunden Punkt zu trampeln. In so was ist Franzi einsame Spitze. Er muß dafür ein ganz besonderes Talent haben, einen ausgeprägten Instinkt.
Er stützte beide Ellbogen auf meinen Schreibtisch und fragte arglos: »Gibst du mir den Plüschfisch? Nur bis zum Abendessen. Ich will ihn nämlich malen.«
»Meinetwegen, nimm ihn. Aber wehe, du schmierst ihn ein. Anne will nicht, daß ich ihn dir gebe.«
Franzi schnappte sich das Kuscheltier und war mit einem Freudenhüpfer wieder draußen.
Nun, wo Annes Delphin nicht mehr auf meinem Bett saß und mich anschaute, kann ich mich bestimmt besser konzentrieren, dachte ich. Aber das war ein Irrtum.

9

In Deutsch und Kunst ging es jetzt ausschließlich um unsere Projektarbeit. Wir wollten alle gemeinsam ein Kunstwerk gegen Gewalt und Unfrieden schaffen, ein sichtbares Zeichen setzen. Nur wie, das wußten wir noch nicht.
Nahire sagte: »Machen wir doch einen Kalender, so wie zu Weihnachten. Mit Fenstern. Für jeden Schüler und jede Schülerin ein eigenes Fenster. Da hinein können wir Fotos von uns kleben und eine Sprechblase dazu malen. Jeder schreibt in die Sprechblase, was er sagen will. Zum Beispiel: Gewalt ist doof. Gewalt schlägt zurück, oder so.«
»Nicht schlecht«, meinte Frau Schneider-Solle. »Wer hat noch einen Vorschlag?«
Marian meldete sich. »Wir spielen Theater und machen davon Video. Skinheads mit Fahnen und Messern, dann Prügelei.«
»Meinst du, dabei würde ich mitspielen?« fragte Sandra, die ganz hinten in der Klasse saß und fast nie etwas sagte.
»Ich bin für ein Punkertreffen«, schlug Jasmin vor. »Wir alle in schwarzen Lederklamotten. Punkermädchen gibt es viele.«
»Ihr vergeßt«, warf Frau Schneider-Solle ein, »daß wir nicht zeigen wollen, was Gewalt ist. Das weiß jeder. Wir wollen gegen Gewalt protestieren.«
»Nein, nicht nur protestieren!« rief Anne erregt. »Das reicht nicht. Erinnert ihr euch, wie Jasmin und Sabine sich geprügelt haben? Anschließend haben sie über die Angelegenheit gesprochen und sich entschuldigt. Sie mußten sich die Hand geben. Das kann man nur, wenn man aufeinander zugeht. Dabei merkt man, der andere greift nicht mehr an. Auch

wenn er vielleicht noch immer wütend ist. Aber die Gewalt ist vorbei.«
Benjamin meinte: »Ich finde den Vorschlag von Nahire nicht schlecht. Aber wir könnten das Ganze auch auf ein großes Laken malen und die Fotos von uns aufkleben. Wozu denn die Fenster?«
»Nein!« rief Anne heftig. »Die Fenster sind doch das Wichtigste. Die kann man öffnen, wenn man fröhlich ist und es einem gutgeht. Man kann sie zumachen, wenn man traurig ist, wenn es Streit gegeben hat oder sich einer ungerecht behandelt fühlt. Alle in der Klasse sehen, mit demjenigen stimmt etwas nicht. Sie können fragen: Was ist mit dir? Hat dich einer beleidigt? Warum ist dein Fenster zu? So können sie mithelfen, daß es eine Versöhnung gibt.«
»Da ist was dran«, sagte Christian. »Gefällt mir jedenfalls besser als so eine Bettlakenaktion.«
»Mir auch«, schloß sich Sandra an. Es war schon ihr zweiter Beitrag in einer Stunde.
Dicki meinte: »Was ich daran bescheuert finde, ist der Weihnachtskalender mit achtundzwanzig Fenstern, weil wir achtundzwanzig in der Klasse sind.«
»Stimmt! Was hat denn noch Fenster?«
»Ein Haus.«
»Ein Hochhaus.«
»Eine Schule.«
»Ein Klassenhaus.«
»Ein was?«
»Ein Haus aus Pappe mit achtundzwanzig Fenstern. Über die Haustür schreiben wir:

Klassenhaus der 6A
Gesamtschule Elsbach.«

Als es zur großen Pause klingelte, waren wir uns einig: Wir

bauen ein Haus gegen Gewalt, und jeder aus unserer Klasse bekommt darin ein Fenster.

Es machte Spaß, das Haus zu bauen. Wir waren mit Eifer dabei. Weil unser Haus nicht zuviel Platz einnehmen durfte, entschieden wir uns für ein tonnenförmiges. Es sah fast aus wie eine Litfaßsäule mit einer Tür. Rundherum schnitten wir Fenster in die Pappe. Jedes zum Auf- und Zuklappen. Mein Fenster lag neben Christians, und darunter lag das von Anne.
Ich malte den Fensterrahmen grün. Vom oberen Rand ließ ich zwei Herzen herunterhängen, als Schmuck vor den Scheiben. Natürlich war alles nur gemalt. Über dem Fenster stand in Druckbuchstaben mein Vorname.
Christian malte einen braunen Rahmen, dick und wuchtig. Jasmin hängte lila-grün-silber-karierte Vorhänge vor ihr Fenster. Simone malte getupfte Gardinen. Und Dicki setzte doch glatt einen Affen auf seine gemalte Fensterbank.
Annes Fenster wirkte ganz schlicht. Der Rahmen war nur angedeutet mit dünnen, hellblauen Strichen. Er sah sehr zerbrechlich aus. Hinter den Scheiben war alles hellgelb. Wie ein strahlendes Licht. Auch ihr Name über dem Fenster leuchtete in diesem Licht.
»Warum hast du das so gemalt, so hell, meine ich?« fragte ich Anne.
Sie zuckte mit den Schultern. »Keine Ahnung. Vielleicht aus Freude.«
Ich sah zu ihr hin, weil mich die Antwort überraschte. Zwischen Anne und mir stand noch immer etwas Unausgesprochenes. Sie erwiderte meinen Blick nicht. Anne schaute auf ihr leuchtendes Fenster und hatte dabei diesen Ausdruck von großer Verletzlichkeit, den ich kannte, seit sie in unsere

Klasse gekommen war. Ich ahnte, daß ich ihr sehr weh tun konnte.

»Wirst du dein Fenster schließen?« fragte ich vorsichtig.

»Warum?«

Ich zögerte. So leise, daß es kein anderer aus der Klasse hören konnte, sagte ich: »Wegen uns.«

Da fing Anne an zu schniefen. Sie blickte unverwandt auf ihr Fenster, und die Tränen liefen ihr übers Gesicht. Aber die Lippen preßte sie fest aufeinander.

An diesem Tag blieben alle Fenster in unserem Klassenhaus weit geöffnet. »Wir lassen den Frieden herein«, sagte Frau Roos und breitete die Arme weit aus. Es sah aus, als wollte sie den Frieden umarmen und uns alle dazu.

Nacheinander knubbelten wir uns zu dritt und zu viert nebeneinander in unser Klassenhaus, und jedes Kind steckte den Kopf aus seinem Fenster. Frau Schneider-Solle schoß Fotos.

Anne hatte ihre Tränen unauffällig abgewischt. Ich glaube, niemandem war etwas aufgefallen. Und doch war eine Spur in ihrem Gesicht zurückgeblieben. Ich mußte an das denken, was Franzi vor ein paar Tagen über das Dunkle vor meinen Augen gesagt hatte.

Vor Annes Augen lag auch etwas Dunkles.

10

An diesem Tag hatten wir Nachmittagsunterricht bis vier. Christian und ich wollten noch in die Eisdiele gehen. Das hatten wir in der Pause beschlossen. Es war der letzte Tag, an dem die Eisdiele geöffnet hatte. Danach war Winterpause. Ich erzählte es Anne.

»Kommst du mit?« fragte ich sie.

Anne schüttelte den Kopf. »Du weißt doch, daß meine Mutter wartet.«

Natürlich wußte ich das. Ich hatte auch nicht damit gerechnet, daß sie zustimmen würde. Ehrlich gesagt, ich wollte es auch gar nicht. Aber ich wollte auch nicht, daß Anne mir böse war.

»Anne?«

Sie sah mich an, ohne etwas zu sagen.

»Wollen wir uns übermorgen treffen? Dann ist Samstag. Wir haben keine Schule.«

»Da habe ich schon etwas vor«, sagte sie. »Auf Wiedersehen, Sabine.« Sie nahm ihre Schultasche und ging an mir vorbei aus der Klasse.

In der Eisdiele sprach ich mit Christian über Anne. »Ich verstehe es nicht. Was hat sie nur? Ob sie eifersüchtig ist, wegen – na, du weißt schon. Wegen uns?«

»Ruf sie an«, schlug er vor. »Am Telefon kann man sich nicht sehen. Das hilft manchmal bei Problemen.«

»Was meinst du mit Problemen?« fragte ich.

»Na, was ihr beide miteinander habt, ist ein Problem. Oder siehst du das anders?«

»Ich weiß nicht, wie ich das sehe«, gab ich zu. »Vorhin hat sie doch glatt auf Wiedersehen zu mir gesagt. Nicht tschüs oder

tschau, mach's gut – was man eben so sagt. Nein, ganz förmlich auf Wiedersehen! Wie findest du das?«
»Ruf sie an und frag sie selber«, sagte Christian mit Nachdruck. »Du bist doch sonst nicht feige, Sabine.«
Christian grinste mich an. Der hat wirklich eine sehr direkte Art, die Dinge auf den Punkt zu bringen. Nein, feige bin ich nicht. Ich werde Anne anrufen und fragen, was los ist. Wenn sie dann immer noch nichts sagt, kann ich es auch nicht ändern. Ich lasse mir doch von ihr die Sache mit Christian nicht kaputtmachen!
Zu Hause paßte ich einen günstigen Augenblick ab. Ich wollte weder Franzi noch meine Mutter als Mithörer haben. Die müssen nicht alles mitkriegen. Das Telefon klingelte lange. Dann kam Herr Herzog an den Apparat.
»Oh, habe ich Sie gestört? Ich wollte Anne sprechen.« Es war mir unangenehm. Hoffentlich hatte ich Herrn Herzog nicht vom Klavier weggeholt.
»Du kannst Anne nicht sprechen, Sabine«, sagte Herr Herzog. Seine Stimme klang am Telefon sehr sympathisch. »Sie ist mit ihrer Mutter in die Klinik gefahren. Es sieht so aus, als ob sie einen Rückfall hat. Weißt du das denn nicht?«
Mein Kopf war auf einmal ganz leer. Ich konnte nichts sagen. Kein einziges Wort. Ich sah meine Hand mit dem Telefonhörer, ich sah das Zimmer um mich herum, lauter vertraute Dinge. Aber ich fühlte mich wie abgerückt. Es war, als ob die Zeit anhielt und sich nichts mehr bewegte.
»Sabine?« Herrn Herzogs Stimme brachte die Zeit wieder in Gang. Mir wurde schwindelig, aber nur für zwei, drei Sekunden. Dann hatte ich mich wieder gefangen.
»Entschuldigung. Ja, ich bin noch da«, stammelte ich. »Wieso kommt das so plötzlich?«
»Wir wissen es seit etwa einer Woche«, erzählte ihr Vater. »In

der Klinik war aber erst heute ein Bett frei. Anne ist gleich nach dem Unterricht losgefahren.«
»Seit einer Woche? Aber Anne war doch in der Schule. Jetzt verstehe ich gar nichts mehr.«
»Da war eine Sache, die sie unbedingt ins Reine bringen wollte«, sagte Herr Herzog. »Vielleicht war auch etwas vorgefallen. Ich kann es nur vermuten, weil Anne sich weigerte, mit uns darüber zu reden. Aber du wirst es wissen, Sabine.«
Ich wußte es nicht, ich konnte es mir nur denken.
»Kann ich sie besuchen?« fragte ich und mußte mich dabei zweimal räuspern. Meine Kehle, meine Zunge, mein Kopf, alles kam mir wie eingerostet vor.
»Wir können dich mitnehmen. Ohne Auto ist es zu weit. Sollen wir dich anrufen, wenn es bei uns paßt?« Herr Herzog sprach noch immer ganz ruhig.
Dafür kriegte ich jetzt fast einen Ausraster. »So schnell wie möglich. Bitte!« sagte ich. »Ich muß unbedingt mit Anne reden. Es ist dringend.«
Vielleicht hat Herr Herzog damals über mich gelacht, leise, so daß ich es am anderen Ende der Leitung nicht hören konnte. Was für Kinder dringend ist, belächeln Erwachsene oft. Ich kenne das. Doch das Dringendste auf der Welt war in diesem Augenblick, daß ich mich mit Anne versöhnte.

Ich fühlte mich erbärmlich.
Eine Menge Fragen schossen mir durch den Kopf. Hatte Anne mich gar nicht gemieden, sondern war sie verzweifelt gewesen und deshalb so still? Sie hatte von ihrem Rückfall gewußt und ihn mit keinem Wort erwähnt. Warum hatte sie nichts gesagt? Hatte ich es ihr vielleicht unmöglich gemacht, darüber zu sprechen? Es war so einfach, zu glauben, sie sei beleidigt oder eifersüchtig. Ich hatte nur Augen für Christian

gehabt und nichts anderes mehr wahrgenommen. Auch Anne nicht.
Mir fiel ein, was Franzi mal zu mir gesagt hatte. Kurz nach Omas Beerdigung muß das gewesen sein. »Weißt du, daß der Tod ein Gespenst ist? Er erschreckt alle Leute und die Hunde und die Pferde und jeden.« So ähnlich jedenfalls hatte Franzi das ausgedrückt. Er ist ein seltsamer kleiner Bruder. Er geht noch nicht mal in die erste Klasse, aber er kriegt alles mit. Vieles kann er eigentlich gar nicht verstehen. Aber da täuscht man sich, auf seine Art versteht er es eben doch.
Ich fürchtete mich vor diesem Todesgespenst, obwohl ich gesund war. Wie mußte es dann erst Anne zumute sein? Sie hatte so fest daran geglaubt, daß sie wieder ganz gesund war, und nun dieser Rückfall. Ich wußte, daß sie mit ihren Eltern nicht über ihre Angst reden wollte. Sie hatte sich mir anvertraut, und ich hatte sie im Stich gelassen, als sie mich am meisten brauchte.
Am nächsten Tag in der Schule erzählte uns Frau Schneider-Solle von Annes Rückfall. Frau Herzog hatte ihr mitgeteilt, daß Anne wieder auf der Kinder-Krebs-Station lag und für unbestimmte Zeit fehlen würde.
Niemand sagte etwas oder fragte. Ich glaube, jeden in der Klasse hatte die Nachricht erschreckt. Es war unheimlich, daß wir nichts gemerkt hatten. Eine Krankheit, die so plötzlich kam, so gemein und hinterhältig wie ein Überfall, die konnte jeden von uns treffen. Die meisten mochten Anne. Ich sah die bestürzten Gesichter um mich herum. Das tat mir in dem Augenblick gut. Ich hatte das Gefühl, die würden alle zu mir halten, weil ich doch Annes Freundin war. – Ich wünschte mir so sehr ein bißchen Halt von den anderen. Aber es kam ganz anders.
»Hast du es gewußt, Sabine?« fragte Frau Schneider-Solle.

Ich schüttelte den Kopf ohne aufzusehen.
Da sagte Simone: »Anne und Sabine hatten Krach oder so was. Man konnte es deutlich merken.«
»Genau! Anne hat sogar einmal geweint!« fügte Nahire noch hinzu.
»Stimmt das?« wollte unsere Klassenlehrerin wissen.
Am liebsten hätte ich mich verkrochen. Was ging das die anderen an? Ich wollte nicht darüber reden. Nicht vor Jasmin und Marian, vor Benjamin und noch einigen aus unserer Klasse. Frau Schneider-Solle schien das zu merken. Sie fragte nicht weiter.
Doch Steffen stand auf und ging zu unserem schönen Klassenhaus, das wir alle zusammen mit so viel Freude gebastelt hatten. Er schloß Annes Fenster.
»Du mußt dich mit ihr versöhnen«, sagte Steffen, zu mir gewandt. »Bis dahin bleibt Annes Fenster geschlossen. Unser erster Fall.«
»Ja! Sabine muß sich entschuldigen! Auch wenn Anne jetzt nicht zur Schule gehen kann. Frieden und Versöhnung hören schließlich nicht an der Klassentür auf.«
Sie hatten auf einmal alle was dazu zu sagen. Sie verurteilten mich. Ich mußte herhalten als Schuldige für Annes Rückfall. Dabei wußten sie doch gar nicht, ob Anne wirklich böse auf mich war. Ich wußte es ja selber nicht. Und wenn es doch stimmte, konnten die nicht ernsthaft glauben, daß Anne davon wieder Krebs bekommen hatte. Warum machten die das mit mir? Heute glaube ich, sie wollten einfach das Gefühl haben, daß irgendwer verantwortlich sein muß. Auf den konnte man dann seine Angst und Betroffenheit abwälzen. Und jetzt wälzten sie es auf mich ab. Unser Schulpfarrer hatte uns vor einiger Zeit erzählt, daß die Menschen früher ihre Sünden auf Tiere übertrugen. Ich weiß zwar nicht, wie die

sich das vorstellten, aber so entstand der Begriff vom Sündenbock. Bei Annes Rückfall machten meine Klassenkameraden mich zu ihrem Sündenbock.
Hätte ich mich wehren sollen? Ich tat es nicht. Ich war völlig durcheinander. Der leere Platz neben mir war wie eine Anklage. Er war auch eine Lücke. Anne fehlte mir. Eine Freundin ist etwas ganz anderes als ein Freund. Was sich da zwischen Christian und mir anbahnte, war neu und aufregend für mich. Mein erster Freund. Ich fühlte mich unsicher, aber auch ganz toll. Wie gern hätte ich mit Anne darüber geredet, hätte sie schwören lassen, bestimmt nichts weiterzusagen. Und Anne hätte es geschworen, das weiß ich. Sie war meine beste Freundin. Aber Anne war weggegangen und hatte auf Wiedersehen gesagt. Das sollte mich hellhörig machen. Erst jetzt begriff ich es.
Ich stand auf, ging zu unserm Klassenhaus und schloß mein Fenster auch.
»Ihr habt mich verurteilt, obwohl ihr keine Ahnung habt«, sagte ich. »Ich soll schuld sein an Annes Rückfall. So hättet ihr das wohl gerne. Es ist so verdammt einfach, mir etwas anzuhängen. Ich bin die Böse und ihr die lieben Mitschüler.«
Von da an konnte ich die Tränen nicht mehr zurückhalten.
Eine ganze Weile war es mäuschenstill. Dann murmelte Benni: »Du kannst nichts dafür.«
»So war das nicht gemeint«, versicherte Simone.
»Anne kommt bestimmt bald zurück. Na klar tut sie das.«
Alle redeten durcheinander.
Marian stand auf und schrieb mit rosa Kreide an die Tafel: Entschuldige Sabine von die ganze Klasse.
Von ihm hätte ich das am wenigsten erwartet. Ich mußte grinsen und heulen gleichzeitig.
In der Pause klappte ich mein Fenster wieder auf. Aber An-

nes blieb zu. Wir einigten uns darauf, daß sie selber bestimmen sollte, wann es wieder geöffnet wird.
In der nächsten Stunde ließ uns Frau Schneider-Solle einen Brief an Anne schreiben. Jeder sollte ihr gute Besserung wünschen. Die andern legten auch gleich los, aber ich kriegte nicht mal den Anfang hin. An Sandra, Elke, Simone hätte ich schreiben können. An Anne fiel es mir schwer. Zum Schluß der Stunde hatte ich mit viel Mühe eine halbe Seite geschafft. Doch selbst diese paar Sätze kamen mir steif und unecht vor. Ich wollte nicht, daß Anne sie las.
Zum Glück kam mir eine rettende Idee. Ich meldete mich und erzählte, daß Annes Eltern mich zu einem Besuch in die Klinik mitnehmen wollten. Bei der Gelegenheit könnte ich Anne die Grüße der Klasse überbringen. Frau Schneider-Solle fand das in Ordnung. Sie sammelte die Briefe ein und steckte sie in einen großen Umschlag. Unbemerkt ließ ich meinen Brief verschwinden. Ich mußte erst wissen, ob Anne noch meine Freundin war.

11

Es muß ein Dienstag gewesen sein, weil wir da keinen Nachmittagsunterricht hatten. Ich war gerade aus der Schule gekommen, als Annes Mutter mich anrief. Ich sollte mich schnell entscheiden, ob ich ins Krankenhaus mitfahren wollte. Zwanzig Minuten später holte sie mich ab. Da wartete ich schon vor der Haustür.

Auf der Fahrt redeten wir kaum miteinander. Frau Herzog sah nicht so elend aus wie in der Zeit von Annes Schnupfen. Sie hatte Make-up aufgelegt, und der angenehme Duft ihres Parfüms breitete sich im Auto aus. Erst dachte ich, sie hätte sich für die Ärzte schön gemacht und natürlich für Anne. Aber dann kam mir noch ein anderer Gedanke. Sie wollte niemanden sehen lassen, wie sie sich fühlte. Vielleicht hatte sie sogar ein Beruhigungsmittel genommen. Jedenfalls hatte Frau Herzog sich fest im Griff.

Herr Herzog war nicht mitgekommen.

Das Krankenhaus war ein riesiger Kasten, und irgendwo darin war die Abteilung, in der Anne untergebracht war. Meine Kehle wurde eng. Vielleicht kam das davon, weil es hier so eklig roch, daß ich kaum wagte, richtig zu atmen. Ich hielt mich dicht an Frau Herzog. Aber ihr zartes Parfüm war machtlos gegen den scharfen Geruch, der uns auf den langen Gängen entgegenwehte.

Anne fanden wir in einem Zimmer mit zwei anderen Kindern. Ich glaube, daß es Mädchen waren. Die eine lag im Bett. Um den Kopf hatte sie einen dicken Verband. Sie hatte die Augen offen. Trotzdem war mir nicht klar, ob sie uns überhaupt bemerkte. Die andere hatte eine rote Narbe quer über ihrem haarlosen Kopf. Sie hockte auf der Fensterbank.

Als wir hereinkamen, erzählte sie uns sofort: »Morgen darf ich für ein paar Tage nach Hause, weil ich Geburtstag habe.« Frau Herzog sagte ihr irgendwas Nettes.
Ich ging zu Annes Bett. »Hallo, ich wollte dich unbedingt sehen«, murmelte ich etwas verkrampft.
»Ich dich auch.«
Wir konnten uns nicht aussprechen, weil Frau Herzog dabei war. Außerdem war Anne sehr erschöpft. Ich legte ihr die Briefe auf die Bettdecke. Anne ließ es geschehen. Sie reagierte kaum darauf.
Lange Zeit saßen wir stumm auf Annes Bettkante, Frau Herzog auf der einen Seite, ich auf der anderen. Anne griff nach meiner Hand und nach der ihrer Mutter. Das war alles so steif und unbequem, mein Bein schlief ein, und die Zeit ging nicht weiter.
Endlich, als wir aufbrachen, blitzte Annes Lächeln kurz auf. »Mach dir keine Sorgen wegen mir. Du weißt doch, Unkraut vergeht nicht«, sagte sie. »Und laß keinen aus der Klasse neben dir sitzen. Das ist mein Platz.«
Sie wollte also noch neben mir sitzen, sie wollte mich trösten und noch meine Freundin sein. Auch ohne Aussprache verstanden wir uns. Ich war unendlich erleichtert.
Auf der Rückfahrt erklärte mir Frau Herzog, daß Anne Bestrahlungen und eine Chemotherapie bekam. Das dauerte jeweils fünf Tage. Danach mußte sich ihr Körper erholen und Kraft sammeln für den nächsten Angriff gegen den Krebs. Anne hatte durchgesetzt, daß sie in der Erholungszeit nach Hause durfte. In der Klinik war sie zwar vor Erkältungen besser geschützt, aber zu Hause fühlte sie sich wohler. Und das Wohlbefinden war ebenso nötig, um die Selbstheilungskräfte anzuregen, wie der Schutz vor Bakterien.
»Du kannst Anne sehr helfen«, sagte Frau Herzog. »Sie

braucht jetzt eine Freundin, die zu ihr hält. Anne muß spüren, daß du sie nicht abschiebst, nur weil es ihr schlecht geht. Was sie nicht braucht, ist dein Mitleid, Sabine. Verstehst du den Unterschied?«

Ich verstand den Unterschied. Aber das Wort Mitleid verwirrte mich dennoch. Frau Herzog sah es mir an. »Was ist? Worüber denkst du nach?« fragte sie.

»Naja, Mitleid habe ich schon mit Anne. Diese Krankheit ist so schrecklich. Man meint, sie ist weg, und plötzlich ist sie wieder da. Und dann war alles umsonst.«

»Nein, es ist nicht umsonst«, sagte Frau Herzog mit großer Bestimmtheit. »Du wirst sehen, schon nach kurzer Zeit geht es Anne bedeutend besser. Ich weiß, wie diese Therapien ablaufen. Anne hat das ja schon mehrmals durchgemacht.« Dann legte sie einen Arm um mich. »Sabine, ich will dir nichts vormachen. Es kann sein – ich glaube nicht daran, ich habe ein tiefes Vertrauen, daß Anne wieder vollständig gesund wird – aber dennoch kann es sein, daß am Ende die Krankheit stärker ist. Doch dann ist es erst recht wichtig, daß jeder Tag, den Anne lebt, ein besonderer Tag ist.«

Wir waren inzwischen vor unserer Haustür angekommen. Frau Herzog schaltete den Motor ab. Es goß in Strömen. Eine Weile war nur das Prasseln der Tropfen auf dem Autoblech zu hören.

»Ich weiß nicht, was soll ich denn tun?« fragte ich unsicher. »Ich kann das nicht gut aushalten, nur neben Anne zu sitzen und zu sehen, wie sie leidet. Und die anderen kranken Kinder dort – das macht mich so hilflos. Es macht mir auch Angst. Außerdem muß ich nach der Schule noch lernen. Ich bin nicht besonders gut in Mathe. Dann ist da auch mein kleiner Bruder. Meine Mutter will, daß ich mich um ihn kümmere und mit ihm auf den Spielplatz gehe.«

»Ich will dich nicht verpflichten«, antwortete Frau Herzog. »Eine Freundschaft muß von Herzen kommen, sonst ist sie keine. Du bist heute freiwillig mit in die Klinik gefahren. Dafür danke ich dir, Sabine. Ich kann gut verstehen, daß du schockiert bist von dem Elend, das du im Krankenhaus gesehen hast. Aber die Kinder haben keine Schmerzen, sie fühlen sich nur sehr matt. Wenn du Zeit hast, komm an Annes Erholungstagen zu uns. Du bist immer willkommen. Wenn du keine Zeit hast, dann ruf an.«

Ich versprach es schnell, öffnete die Autotür und spurtete durch den Regen, bis ich im Hausflur in Sicherheit war.

Sofort ging ich unter die Dusche und schüttete so viel Badegel über mich, bis ich in weichem Schaum eingepackt war. Ich hatte den Wunsch, auf einer duftenden Badeschaumwolke einfach wegzudriften. Irgendwohin, wo es keine kranke Freundin gab und kein Ziehen im Bauch, weil man sich mies fühlt. Ich war froh, daß Anne nicht mehr böse auf mich war. Ich war traurig, weil Anne das alles durchmachen mußte. Ich war wütend, weil ich nicht begriff, warum Kinder so krank werden können. Ich hatte Angst, daß aus der Sache mit Christian gar nicht erst eine Sache wurde, weil ich Anne nicht im Stich lassen konnte. Meine Gedanken flatterten hin und her. Und dann war da auch noch meine Mutter, die auf ihre Weise auch nicht mit Annes Krankheit zurechtkam. Ich wollte keine Diskussionen mehr über das leidige Thema. – »Ach Scheiße«, sagte ich laut. Aber das half mir auch nicht weiter.

Ich ließ das Wasser laufen, bis meine Mutter an die Badezimmertür klopfte. Da war der Raum schon ganz mit Dampf eingenebelt. Aber meine Verwirrung hatte ich noch immer nicht weggespült.

An ihren Erholungstagen ging Anne nicht zur Schule. Ihre

Zeit war ausgefüllt mit dem Kampf ums Überleben. Vielleicht ist Kampf nicht das richtige Wort. Denn Anne war nicht verbissen, voll Wut und Haß. Ich weiß nicht einmal, ob sie die Vorstellung hatte zu kämpfen. Sie war oft heiter und albern, aber im nächsten Augenblick tief traurig, und sie war auf eine Art, die ich nicht beschreiben kann, durchscheinend. Wenn ich sie sah, mußte ich an eine Porzellanpuppe denken, die man kaum anzufassen wagt, weil sie so zerbrechlich ist.
Von der Therapie fielen ihr wieder die Haare aus, die schon so schön nachgewachsen waren. Anne litt unter ihrem kahlen Kopf. Als ich sie das erste Mal nach meinem Besuch in der Klinik bei ihr zu Hause traf, hatte sie sich aus bunten Tüchern einen Turban gedreht. Ich mußte lachen.
Annes Augen füllten sich mit Tränen. »Du findest mich arg komisch, was?«
»Dich doch nicht! Aber deinen Kopfputz. Du siehst aus wie Ali Baba, der mit den vierzig Räubern.«
»Finde ich trotzdem nicht komisch.«
»Dann nimm das Ding doch ab. Meinetwegen brauchst du deinen Kopf nicht zu verstecken«, versicherte ich ihr.
»Aber meinetwegen!« Anne wischte trotzig ihre Tränen weg. »Ich kann nicht in den Spiegel gucken ohne zu heulen. Den Krebs in meinem Blut kann ich nicht sehen. Doch dieser Kahlschlag zeigt mir, wie es um mich steht.«
»Was sagen denn die Ärzte?« fragte ich vorsichtig.
»Die sind zufrieden. Die Bestrahlungen sind zwar hart, aber sie zeigen schon Erfolg. Sonst dürfte ich auch nicht nach Hause. Weißt du, bei meinen vorherigen Therapien haben sie mich noch ein bißchen geschont. Diesmal gehen sie aufs Ganze.«
»Du schaffst das schon!« sagte ich, weil ich ihr Mut machen wollte.

»Hör auf! Hör bloß auf! Ich kann diese Genesungssprüche nicht mehr ertragen.«
Anne war so gereizt, wie ich sie noch nie erlebt hatte.
»Ich gehe wohl besser wieder«, murmelte ich. »Alles, was ich heute sage, kommt bei dir falsch an.«
»Nein, bitte bleib. Ich habe noch etwas vor, und du mußt mir dabei helfen.« Anne sah mich fast flehend an. »Ich brauche ein Geschenk für meine Mutter. Sie hat nächste Woche Geburtstag. Machst du gleich einen Einkaufsbummel mit mir?«
»Darfst du denn raus? Denk an die vielen Bakterien.«
»Ja, ich darf nach draußen. Sonne tut mir gut«, versicherte Anne. »Das ist eine natürliche Strahlentherapie. Ich muß mich nur warm anziehen und Menschenansammlungen meiden. Ich sage meiner Mutter, wir beide gehen in den Park. Dagegen hat sie bestimmt nichts.«
»Wo ist denn hier ein Park?« fragte ich. »Außerdem scheint die Sonne nicht, und draußen ist es lausig kalt.«
Anne wurde ungeduldig. »Also, Sabine, kommst du nun mit oder nicht?«
»Klar komme ich mit. Es ist nur – ach, vergiß es. Es ist ja dein Krebs und nicht meiner.«
Anne fing schallend an zu lachen. »Du redest, als ginge es um ein Haustier. Mein süßer, kleiner Kuschelkrebs friert da draußen in der bösen Welt!« Annes Lachen brach abrupt ab. »Ich muß hier raus! Sonst drehe ich durch.«
Sie lief aus dem Zimmer und rief nach ihrer Mutter. Offensichtlich hatte auch Frau Herzog Bedenken gegen einen Spaziergang. Ich hörte, wie Annes Stimme lauter wurde. Auch wenn ich die Worte nicht verstehen konnte, so merkte ich doch, daß es eine Auseinandersetzung gab. Schließlich kam Anne zurück.
Mit fahrigen Bewegungen riß sie die Türen von ihrem Klei-

derschrank auf und wühlte in ihren Sachen. Ihr Turban löste sich auf und fiel auf den Boden. Frau Herzog kam herein. Doch Anne drehte sich um und warf ihrer Mutter fast die Zimmertür vor den Kopf.
»Du mußt im Wohnzimmer bleiben! Ich will dich überraschen.«
Frau Herzog wich zurück, ohne etwas zu sagen.
Anne zog schwarze, dicke Strumpfhosen an, darüber einen grünen Rock, der ihr viel zu weit geworden war. Er hing ihr fast bis auf die Knöchel. Dann nahm sie einen braunen Wintermantel vom Bügel. Auch der wirkte viel zu groß.
»Ich kann Mäntel nicht leiden«, sagte sie, »und diesen hier schon gar nicht. Aber warm ist er, das muß man ihm lassen.«
Als letztes kramte sie noch verschiedene Schals hervor, entschied sich für einen mausgrauen und verschwand damit im Bad.
Als sie zurückkam, hatte sie sich den Schal wie ein strenggläubiges Türkenmädchen um den Kopf gebunden. Mit dem weiten Mantel und dem grünen Rock, der darunter hervorschaute, sah sie völlig verändert aus.
»Jetzt du!« befahl Anne. »Wir gehen beide als Türkenmädchen. Ali Baba hat mich darauf gebracht.«
»Was, ich? Nein!«
»Doch!«
Erst wollte ich nicht, aber dann fing die Sache an, mir Spaß zu machen. Als ich klein war, hatte ich mit Hingabe Verkleiden gespielt, und jetzt packte es mich wieder.
Anne strahlte. Je türkischer ich aussah, um so begeisterter war sie. Wir probierten allerhand Röcke und Kopftücher aus und konnten uns dabei vor Gekicher kaum halten. Schließlich trabten wir hintereinander ins Wohnzimmer. Frau Herzog schnappte nach Luft, dann lachte sie mit.

Anne hatte gewonnen.
Sie steuerte auf einen Taxistand zu. »Ich habe Geld von meiner Oma gekriegt«, sagte sie. »Bis zur Einkaufspassage zu laufen, ist mir zu anstrengend. Hoffentlich hat hier keiner was gegen Ausländerkinder.«
Der Taxifahrer guckte etwas mißtrauisch. Ich merkte, daß ich rot wurde. Aber Anne tat ganz selbstsicher.
»Wir können bezahlen«, sagte sie spitz und zog einen Zwanzigmarkschein aus der Manteltasche. Der Fahrer brummte irgendwas, öffnete dann aber die Tür und ließ uns einsteigen.
Anne lehnte sich in den Polstern zurück und schloß für einen Augenblick die Augen. Die freudige Anspannung ließ nach. Sie sah auf einmal sehr müde aus.
An der Einkaufspassage stiegen wir aus. »Können Sie uns in zwanzig Minuten wieder abholen?« fragte Anne den Fahrer. Er versprach es.
Von hier gingen wir zu Fuß weiter. Aber unsere Albernheit war vorüber. Ich spürte Annes Erschöpfung. Meine Verkleidung war mir jetzt peinlich. Ich nahm das Kopftuch ab.
Anne ging ohne Umwege, ohne in irgendein Schaufenster zu schauen, zu einem winkligen Laden, der vollgestopft war mit Kleinkram aus Asien. Zwischen Figürchen und Schmuck, Porzellan und Räucherstäbchen suchte sie ein Kästchen aus Sandelholz aus, das einen schön geschnitzten Deckel hatte. Dann fand sie noch eine geschliffene Kristallkugel. Die Kugel legte sie in das Kästchen und ließ beides verpacken.
Während der Rückfahrt griff sie nach meiner Hand und hielt sie fest. »Gib mir ein bißchen von deiner Kraft ab«, murmelte sie kaum hörbar. Ihre Hand war eiskalt, meine vor Aufregung heiß.
Verrückt, was Anne für Einfälle hatte! Wenn sie aus der Kli-

nik nach Hause kam, war sie so erschöpft, daß sie die meiste Zeit im Bett lag. Aber sie strahlte, wenn sie mich sah und machte gleich wieder Pläne.

Ich erzählte Christian, wie wir uns beide als Türkinnen verkleidet hatten.

»Und du hast mich nicht angerufen«, sagte er halb lachend und halb vorwurfsvoll. »Das nächste Mal spiele ich mit. Ich bin der starke Bruder, der euch nicht aus den Augen läßt.«

Aber das nächste Mal wollte Anne ihr Kinderzimmer renovieren. »Die Tapeten hellgelb und die Decke blau. Ich hole mir Sonne und Himmel bis an mein Bett!« schwärmte sie.

»Wie dein Fenster in unserm Haus gegen Gewalt? Das hast du auch in diesen Farben gemalt.«

»Ja, genauso. Das sind meine Lieblingsfarben. Ist mein Fenster auf oder zu?«

»Zu«, sagte ich.

Anne war empört. »Warum das denn? Wer hat das gemacht?«

»Naja, du warst ein bißchen seltsam, damals. Du hast kaum mit mir geredet, und da meinte Simone, wir hätten Krach. Steffen hat dein Fenster daraufhin geschlossen.«

»Hatten wir Krach, Sabine?«

»Ich weiß nicht, was wir hatten. Wir sollten endlich darüber reden.«

Anne machte ein Gesicht, als erwarte sie eine Spritze oder etwas ähnlich Scheußliches. »Dann rede.«

»Leicht machst du es mir nicht gerade. Ich vermute, du warst sauer. Wegen Christian?«

Anne antwortete nicht. Sie sah mich nur an, mit diesem Ausdruck, der all ihre Verletzlichkeit verriet. Ich kannte den Blick, seit dem ersten Tag, an dem sie in unsere Klasse gekommen war.

»Eh, guck nicht so. Willst du, daß ich Schuldgefühle kriege oder was? Vielleicht glaubst du, nur du hättest Probleme mit dieser Scheißkrankheit!« – Auf einmal brach es aus mir heraus. Vorwürfe, Wut, Ärger, Unsicherheit, ich haute Anne alles um die Ohren, was mich in letzter Zeit genervt hatte, womit ich nicht klarkam: Die so steif formulierte Frage meiner Mutter, was denn nun wohl aus Anne würde. Der leere Platz in der Klasse neben mir, daß ich kaum Zeit hatte, mich mit Christian zu treffen, weil ich so oft bei Anne war, daß ich sie aber auf keinen Fall als Freundin verlieren wollte, weil ich mir immer eine Freundin gewünscht hatte, mit der ich mich so bombig verstand wie mit ihr, aber daß dieser verdammte Scheißkrebs alles kaputtmachen würde.

Als ich endlich merkte, was ich Anne da antat, war es zu spät. Die Worte waren aus mir herausgeschossen wie aus einem explodierenden Dampftopf. Ich hatte total die Kontrolle über mich verloren...

Sieben Monate sind seitdem vergangen. Mein schlechtes Gewissen und Annes Reaktion damals, alles ist noch ganz lebendig und doch vorbei. Alles ist nur noch Erinnerung. Auch Anne ist nur noch Erinnerung.

12

Die Sommerferien in Elsbach zu verbringen ist öde und ätzend langweilig. Fast alle aus meiner Klasse sind verreist. Von Christian kam gestern eine Karte aus Schottland. Nahire ist zu Verwandten in die Türkei geflogen. Simone muß mit ihren Eltern durch die Alpen stiefeln. Sie hat kein bißchen Lust dazu. In der letzten Schulwoche hat sie andauernd über die blöde Latscherei gestöhnt. Und ich sitze hier vor meiner Kladde und komme nicht los von Anne.
Ich muß das nicht alles aufschreiben, wenn ich nicht will. Frau Schneider-Solle kann mir in den Ferien keine Hausaufgaben aufgeben. So hat sie das auch nicht gemeint. Ich werde ihr die vielen Seiten, die ich schon vollgepinnt habe, nicht zum Lesen geben. Ich schreibe nun doch ein Anne-Tagebuch, auch ohne Datum und was sonst noch dazugehört. Es ist das Jahr mit Anne, das kein Ende nehmen soll. Ich will es festhalten, ich will es festschreiben. Und die Klassenfotos, die Frau Schneider-Solle geschossen hat, als wir unser Haus gegen Gewalt gebaut haben, klebe ich später noch dazu.
Unser Haus gegen Gewalt. Es hatte für Anne große Bedeutung. Sie wollte immer von mir wissen, wessen Fenster gerade geschlossen war und warum. Es gab genug Anlässe. Einmal fand ein Gedrängel vor der Klassentür statt, gleich morgens zu Unterrichtsbeginn. Sandra wurde fast zerquetscht zwischen den Schulranzen von Hanno und Juri. Die beiden sind sonst ziemlich lahm, und ich weiß nicht viel über sie. Ich finde sie doof, sie mich wahrscheinlich auch. Aber drängeln können sie. Mit Frau Schneider-Solle wurde der Fall dann untersucht. Sandra schloß ihr Fenster. Hanno behauptete, das sei einfach so gekommen. Ohne Absicht. Er ent-

schuldigte sich bei Sandra, und Juri gab ihr freiwillig ein Kaugummi. Als Sandra nichts mehr wehtat, öffnete sie ihr Fenster wieder.

Zwei Tage vor den Weihnachtsferien kam ein Brief von Anne aus dem Krankenhaus.

Hallo, Ihr alle aus der 6a, schrieb sie. *Freut Ihr Euch auch so auf Weihnachten wie ich? Keine Schule und keine Spritzen. Ich habe hier nämlich auch frei. Danke für Eure Briefe. Die andern Kinder waren ganz schön neidisch. Jedenfalls einige. Hier achtet jeder gierig darauf, wer am meisten Post, Geschenke und Besuch kriegt. Vor allem Kinder, die lange auf der Station bleiben müssen, achten darauf. Mir geht es viel, viel besser. Nach den Ferien komme ich wieder zur Schule. Die Ärzte und Schwestern sind sehr zufrieden mit mir. Also, nun macht ganz schnell mein Fenster wieder auf. Von Sabine weiß ich, daß Steffen es geschlossen hat. Echt, mir geht es gut, und Krach habe ich mit Sabine auch nicht.*

Nun muß ich Euch noch erzählen, was hier letzte Nacht los war. Wir haben einen Hilfspfleger, der ist super. Der hat mitgekriegt, daß ich nicht schlafen konnte. Plötzlich stand er an meinem Bett und hat gefragt: »Anne, kommst du mit, Spaghetti kochen?« Ich dachte, der spinnt. Mitten in der Nacht im Krankenhaus Spaghetti kochen, habt Ihr so was schon mal gehört? Er hat dann noch ein paar andere Patienten geholt, und dann haben wir alle in der Schwesternküche gehockt und gekocht. Es war richtig gemütlich und eine Bombenstimmung.

So, nun mache ich Schluß. Laßt Euch viel zu Weihnachten schenken. Im neuen Jahr sitze ich wieder auf meinem alten Platz neben Sabine. Haltet ihn mir ja frei!

Bis dann, Eure Anne.

Als Frau Schneider-Solle den Brief vorgelesen hatte, war ich erleichtert. Das war nämlich, nachdem ich bei Anne ausgerastet war. Nachtragend war sie wirklich nicht.

Sie war auch nicht beleidigt gewesen, nur bestürzt und traurig und sehr aufgeregt.

»Sabine, es tut mir so leid, daß du meinetwegen all diese Umstände hast. Wenn du dich mit Christian verabreden willst, dann tu es doch. Ich bin nicht sauer. Ich fand es damals nur gemein von dir, daß du vor der Klasse so angegeben hast nach unserm nächtlichen Ausflug. Mir ging es da schon schlecht. Ich merkte, daß ich einen Rückfall hatte, aber ich wollte es nicht wahrhaben. Es hätte genausogut etwas anderes sein können. Jeder fühlt sich mal schlapp. Ich konnte nicht mit dir darüber reden, weil ich es doch selber nicht glauben wollte. Aber meine Angst wurde immer größer. Da fiel mir eben der Josi ein. Du weißt schon, der Typ, der in der Disco jobbt.«

»Und was hätte der dagegen tun können?« hatte ich gefragt.

»Ach, wir hatten so ein Abkommen, der Josi und ich«, sagte Anne. »Weißt du, der beschäftigt sich nämlich auch mit Sterndeuterei, Heilen auf natürliche Weise und ich weiß nicht, was noch. Manchmal spinnt der ein bißchen, aber er ist ganz sanft und lieb. Wenn es mir dreckig geht, dann sollte ich ihm Bescheid geben, und er wollte mir Kraft von ›oben‹ geben. Schaden kann das nie, hatte Josi erklärt. Und damals hätte ich unbedingt Kraft gebraucht, egal woher.«

Anne schluchzte und schniefte.

Ich versuchte sie zu trösten. »Ich bin ein Trampeltier«, gab ich zu. »Sei mir bitte nicht mehr böse und vergiß, was ich eben gesagt habe. Das ist mir nur so herausgerutscht. Ich wollte es gar nicht. Bestimmt nicht!«

»Es ist aber gut, daß du es gesagt hast«, meinte Anne, nachdem sie sich etwas beruhigt hatte. »Du glaubst gar nicht, wieviel gelogen wird um meine Krankheit. Jeder tut so heiter. Alles ist fein und tralala. Mit niemandem kann ich offen reden, weil niemand mir gegenüber offen ist. Jeder will mich schonen. Ach, das arme Kind! Sie denken alle, ich könnte die Wahrheit nicht ertragen. In Wirklichkeit kann ich die Lügen nicht mehr ertragen.«

»Aber Anne, es ist doch gut gemeint«, sagte ich. »Kannst du das denn nicht verstehen?«

»Nein!« rief sie heftig aus. »Es ist nicht gut, es ist feige. Keiner hat den Mut, mir zu sagen, daß ich todkrank bin. Und ich muß Rücksicht auf euch alle nehmen und muß so tun, als hätte ich selber keine Ahnung, wie es um mich steht.«

Danach entstand ein langes Schweigen. Annes Worte hatten mich tief getroffen. Ich hatte mir immer vorgemacht, ich sei ehrlich zu ihr. Aber mit einem Schlag wurde mir klar, daß ich genauso einen Affentanz um Annes Krankheit machte wie vermutlich alle andern Leute auch. Und ich war auch jetzt zu feige, sie nach ihrer Todesangst zu fragen, obwohl ich deutlich spürte, daß sie darüber reden wollte. Ich war so feige, daß ich aufstand und mich hastig verabschiedete. Ich tat ganz erschrocken, weil ich angeblich total vergessen hatte, meinen Bruder vom Kindergarten abzuholen.

»Hilfe! Anne, entschuldige! Vor lauter Reden habe ich Franzi vergessen. Wenn ich nicht pünktlich bin, petzt er zu Hause, und ich kriege Ärger. Sei nicht böse. Wir unterhalten uns beim nächsten Mal weiter. Es geht jetzt wirklich nicht.«

Sie lächelte und sagte: »Macht nichts.«

Ich lächelte und sagte: »Es tut mir schrecklich leid. Bitte, glaub mir.«

Sie wußte, daß ich log, und ich wußte, daß sie es wußte.

13

In den Weihnachtsferien war Anne weder zu Hause noch im Krankenhaus. Sie fuhr mit ihrer Mutter in ein Bergdorf. Die klare Gebirgsluft und die Sonne in der verschneiten Landschaft sollten ihre Abwehrkräfte stärken.
Ihr Vater blieb zu Hause. Er konnte angeblich seinen Forschungsauftrag nicht im Stich lassen.
»Ich freue mich so!« sagte Anne am Telefon. »Blauer Himmel und die goldene Sonne – du weißt doch, meine Lieblingsfarben!«
»Hoffentlich scheint die Sonne auch«, warf ich ein. »In Elsbach ist bestimmt wieder Schmuddelwetter. Alles grau in grau.«
»Im Gebirge scheint die Sonne viel öfter als hier bei uns. Ich war im vergangenen Jahr schon einmal im Winter dort. Sabine, es war wie im Märchen: Alles blau und golden, und der Schnee glitzerte wie mit Brillanten übersät. Davon habe ich mir die Erinnerung mitgenommen. Und immer, wenn in mir Schmuddelgefühle sind, so grau in grau, dann denke ich an das Licht und den Himmel im Gebirge. Wenn ich zurückkomme, will ich unbedingt mein Zimmer in den Farben anstreichen. Das muß sein!«
Wir sahen uns nicht mehr vor ihrer Abreise.
Genau am Heiligabend wurde ein Päckchen für mich abgegeben. Es war von Anne und enthielt ihren schönsten Seidenschal für mich als Weihnachtsgeschenk. Dann war da noch etwas Eingewickeltes, mit einem kleinen Schild versehen. Darauf stand in Annes Handschrift: Für den Bruder meiner besten Freundin.
Franzi war so überrascht und beeindruckt, daß er sein Päck-

chen gar nicht aufmachen wollte. Er hielt es lange in den Händen wie ein lebendiges Küken.
»Deine Freundin hat mich lieb«, sagte er, und es klang fast feierlich. »Ich sie auch.«
»Ach, Franzi, nun übertreib nicht. Du kennst Anne gar nicht. Du hast sie nur ein einziges Mal von weitem gesehen. Das ist alles.«
Er blinzelte mich an mit diesem unnachahmlichen Franziblick. »Ich hab sie eben von weitem lieb«, sagte er. »Verstehst du das denn nicht?«
»Ach so. Na, dann mach das Päckchen doch endlich auf. Ich will wissen, was drin ist.«
»Sabine ist neugierig!« trällerte Franzi und verschwand in seinem Zimmer. Er wollte sein Geschenk allein auswickeln. Als er wieder herauskam, hielt er eine Hand auf den Rücken, und seine Augen strahlten.
»Rate mal!«
Aber noch ehe ich ihm den Gefallen tun konnte, hielt er die Hand hoch. Anne hatte ihm einen Delphin geschenkt. Er sah aus wie der andere, nur ein Stück kleiner.
Annes Seidenschal schimmerte in den sieben Regenbogenfarben. Er war weich und fließend. So ein superteures Teil nur zur Freude und um mich schön zu machen, hatte ich noch nie besessen. Meine Mutter kaufte nach dem Grundsatz ein: praktisch, billig, haltbar. Dieser Regenbogenschal war nichts von alldem. Ich fand ihn wunderschön und konnte mich doch nicht darüber freuen.
Die spinnt, dachte ich. Wie konnte Anne mir so ein Geschenk machen? Und obendrein auch noch eins für Franzi. Ich war nicht einmal auf die Idee gekommen, ihr irgendeine Kleinigkeit zu Weihnachten zu schenken. Bei den Mädchen, die ich kenne, ist das nicht üblich. Auch nicht bei Freundinnen.

Wenn man sich gegenseitig zum Geburtstag einlädt, bringt man etwas mit, ein Buch, einen Vierfarbenstift, eine Packung Negerküsse oder einen witzigen Schlüsselanhänger. Aber doch niemals etwas so Unbezahlbares. Das ist irgendwie unfair.

Was sollte ich nun machen? Ich kam mir ärmlich vor. Selbst wenn ich mir mein Taschengeld für ein halbes Jahr im voraus auszahlen ließe und noch Franzis Sparschwein ausquetschte, würde das Geld niemals für ein Geschenk reichen, das wie dieses war. Ich war wütend auf Anne und wußte gleichzeitig, daß ich ihr unrecht tat. Das machte mich noch wütender. Es gab nur eine Lösung: Ich nehme den Schal nicht an. Wenn Anne im Januar zurückkommt, gebe ich ihn zurück. Ich werde ihr sagen, daß ich mich eine Weile daran gefreut habe. Aber behalten? Nein danke.

Sie wird gekränkt sein, dachte ich. Anne war leicht gekränkt. Ich wollte ihr nicht weh tun. Außerdem konnte ich mir gut vorstellen, damit in der Klasse ein bißchen anzugeben. Ich fühlte mich hin- und hergerissen zwischen meinem gekränkten Stolz und meinem heißen Wunsch, den Schal zu behalten. Das machte mich ganz fertig.

Zum Glück war Anne verreist. Ich konnte die Angelegenheit noch vor mir herschieben. Aber mein Entschluß stand fest.

Meine Mutter war erleichtert, als sie hörte, daß Anne verreist war. Die Diskussionen über meine Freundschaft mit Anne hatten zwar nachgelassen, aber meine Mutter überwachte neuerdings meine schulischen Leistungen und schrieb mir ziemlich genau vor, wann und wo ich mich um meinen Bruder zu kümmern hatte. Doch darüber hinaus machte sie mir keine Vorschriften. Es klappte ganz gut. Jetzt aber war deutlich zu spüren, daß sie froh war über eine Anne-freie-Zeit.

»Sieh zu, daß du dich ein wenig ablenkst«, sagte sie zu mir.

»Es muß dich doch schrecklich belasten, so oft mit diesem kranken Mädchen zusammenzusein.«
Über das Wort belasten dachte ich lange nach. War meine Freundschaft mit Anne belastend?
So ein Wort wäre mir nie eingefallen. Meine Mutter sah vieles anders als ich. Wie sollte ich ihr nur erklären, daß Anne ein tolles Mädchen war und ich noch nie so eine tiefe Freundschaft erlebt hatte? Manches war auch schwierig, und ich wünschte mir jeden Tag, daß Anne diese ekelhafte Krankheit endlich loswürde. Einmal kämpfte ich im Schlaf mit Monstern, bis ich aufwachte. Diese Monster waren Annes Krebs. Und doch wollte ich lieber nachts Monsterkämpfe aushalten, wenn ich dafür tagsüber mit Anne zusammen sein konnte.
Jedesmal, wenn ich aufwachte, war ich wieder erleichtert. Nicht wegen der Alpträume, die sich aufgelöst hatten, sondern weil – nun ja, ich war nicht krank. Anne war krank. Ich war erleichtert, weil ich mich selbst gesund und stark fühlte. Erst durch Annes Krankheit wurde mir das möglich. Andererseits staunte ich auch, wie offen – wie lebendig – Anne alles aufnahm, was sich um sie herum ereignete. Das werde ich nie vergessen. Oft kam es mir vor, als sei sie viel älter als ich, nicht nur eineinhalb Jahre. Es war, als lebte sie irgendwie schneller. Ich glaube, für Anne zählte jeder einzelne Tag. Sie muß gewußt haben, daß sie bald sterben wird, lange bevor sie anfing, darüber zu sprechen.
Vielleicht hat sie es nicht wirklich gewußt, nicht mit dem Verstand, aber innerlich muß es ihr klar gewesen sein. Deshalb war sie so stark. Und je weniger ihre körperlichen Kräfte wurden, um so stärker kam sie mir vor, auf diese andere Weise.
Anne konnte ganz schön anstrengend sein und fordernd.

Manchmal gab es Ärger zwischen uns, oder wir waren traurig zusammen. Aber das alles konnte unsere Freundschaft nicht auseinanderbringen.

Nach dem Weihnachtsfest traf ich mich mit Christian. Wir bummelten durch die Innenstadt, tranken einen Milchmix mit Erdbeergeschmack und hatten viel Zeit dabei.
Irgendwann fing Christian an, von Anne zu reden. Ob man da was machen kann, moderne Medizin und überhaupt – er fände das alles so grausam.
Zuerst begriff ich nicht, worauf er eigentlich hinaus wollte. Aber es war deutlich zu merken, daß ihn Annes Krankheit sehr beschäftigte. In der Schule berührten wir das Thema fast nie. Anne fehlte, sie war krank. Sonst nichts.
»Meinst du, daß sie bald sterben wird?« fragte ich Christian leise.
Da flippte er aus. Er fuchtelte mit den Armen vor meinem Gesicht herum, als wollte er die Frage verscheuchen. Dann lief er einige Schritte von mir weg und stampfte wieder zurück.
»Das müßte verboten werden! Die Umweltzerstörung, und überall Chemie im Essen! Davon kommt doch so was.«
»Ich denke auch oft, daß es damit zusammenhängt«, sagte ich. »Aber sicher ist es nicht. Anne hat ihre Ärzte gefragt. Die meinten, das sei noch nicht endgültig erforscht. Bei ihren Eltern im Wohnzimmer liegen Stapel von Büchern über Krebs. Frau Herzog hat alle gelesen. Trotzdem kann sie dir keine Antwort geben.«
»Redest du mit Anne über solche Sachen?« fragte Christian. »Da fühlt man sich doch hinterher selber schon wie ein Rentner.«
»Unsinn! Man kann nicht immer so tun, als ob da nichts wä-

re«, antwortete ich und kam mir auf einmal ziemlich reif vor. Christian bohrte die Hände tief in seine Anoraktaschen. Eine Weile liefen wir nebeneinander her, ohne zu reden. Es gibt Augenblicke, da kann man nichts sagen, aber meistens gehen sie schnell vorbei.

»Also, ich würde von der Schule quatschen, von den Paukern und so. Möglichst komische Sachen, wie neulich, als Dicki einen Affenzorn hatte, weil jemand das Affenposter geklaut hat, das bei uns in der Klasse hing, und daß es dann ein Affentheater darüber gab, ob ein neues Affenbild an die Wand kommen soll. Solchen Firlefanz würde ich ihr erzählen, damit sie was zum Lachen hat«, meinte Christian schließlich.

»Schreib ihr das doch in einem Brief, jetzt, wo sie in diesem Bergdorf ist«, schlug ich vor. »Ich habe schon wieder vergessen, wie es heißt. Aber ich kann ihren Vater anrufen und ihn fragen.«

»Ach nee! Briefeschreiben ist nicht so mein Ding«, polterte Christian los. »Kann man denn nichts für Anne tun? Was hältst du von einer Party, wenn sie wieder da ist?«

»Ich glaube, das ist noch zu anstrengend. Sie ist total schlapp von den Chemos.«

»Und was strengt sie nicht an? Vielleicht hat sie einen Wunsch?« Christian drückte freundschaftlich meinen Arm, ließ ihn aber gleich wieder los. »Du steckst doch dauernd mit ihr zusammen. Denk mal nach.«

»Sie will ihr Zimmer renovieren. Das ist ihr ungeheuer wichtig. Aber ich glaube nicht, daß sie das selber schafft. Wollen wir ihr die Wände streichen?«

Ich hatte das nur so dahingesagt, ohne darüber nachzudenken. Aber warum eigentlich nicht? Anne würde sich bestimmt freuen, und es war auch ein Geschenk. Ein riesiges

Geschenk sogar. Christian und ich streichen Annes Zimmer in ihren Lieblingsfarben! Als Überraschung.
»He, du! Das ist es!« Ich packte Christian an beiden Armen. »Das macht sie glücklich. Ich weiß es. Wir müssen nur ihren Vater rumkriegen, damit er uns das erlaubt und ein bißchen mithilft.«
Christian muffelte irgendwas. Er sah nicht gerade happy aus. Doch für mich war die Sache beschlossen. Es mußte klappen!
»Los, komm, mach mit! Zusammen kann Anstreichen richtig Spaß machen. Und wenn wir Hunger haben, gehen wir Pizza essen.«
Ich war in meiner Begeisterung nicht mehr zu bremsen. Christian blieb cool. »Das muß ich mir noch überlegen. Hast du vielleicht auch noch einen Keller irgendwo zu entrümpeln?« fragte er. »Das sind ja tolle Weihnachtsferien!«
Aber am nächsten Morgen klingelte das Telefon bei uns: Christian. Ich hätte ihn küssen mögen. Nicht nur, weil er mich anrief, sondern weil er bereits etwas organisiert hatte.
Christian wohnt nämlich in derselben Straße wie Benjamin. Und Bennis Vater hat ein Malergeschäft. Christian war, nachdem wir uns getrennt hatten, noch zu Benni gegangen und hatte ihm von meinem Plan erzählt. Benni hatte sofort angeboten, uns zu helfen. Christian wunderte sich sehr über diese Bereitschaft. »Wer pinselt schon gern bei anderen Leuten die Wände an?« meinte er. »Doch um so besser! Benni mußte seinem alten Herrn schon oft zur Hand gehen. Der kann gut mit Rolle und Quast umgehen. Außerdem will Bennis Vater uns die Sachen leihen, die wir brauchen, und uns auch die Farbe richtig anrühren. Na, bin ich gut?« fragte Christian, als er mir das alles am Telefon erzählt hatte.
»Super!« lobte ich ihn. »Das wäre mir nicht eingefallen. Aber

ich habe auch etwas erreicht. Annes Vater ist einverstanden. Er bezahlt die Farbe, nur mitmachen will er nicht.«
»Braucht er auch nicht. Das schaffen wir ohne Vater Herzog. Schließlich soll das ganze Unternehmen unser Geschenk für Anne sein.«

Am liebsten würde ich jetzt schreiben, die meiste Arbeit bei dieser Überraschungsaktion hätte ich allein erledigt. Denn es sollte ja mein nachträgliches Weihnachtsgeschenk für Anne werden.
So war es aber nicht. Wenn Bennis Vater nicht die Zimmerdecke gestrichen hätte, wäre wahrscheinlich eine Riesensauerei dabei herausgekommen. Und wenn Benni nicht darauf bestanden hätte, alle Winkel und Kanten sorgfältig abzukleben, hätten wir viele Flecken hinterlassen. Ich muß leider auch zugeben, daß die Jungen besser mit der Rolle umgehen konnten. Ich war geschickter, aber sie hatten mehr Kraft. So kam es dann, daß ich mit einem Pinsel die Ecken streichen durfte, Christian und Benjamin aber nahmen sich die großen Flächen vor.
Da war ich schon ein bißchen sauer.
Zum Schluß kam Benni noch auf die Idee, mit Fingerfarbe unsere Handabdrücke auf die Fensterscheibe von Annes Zimmer zu klatschen. »Daneben schreiben wir unsere Vornamen. Dann weiß Anne gleich, von wem die Überraschung kommt.«
Das war nicht schlecht. Wir haben es auch so gemacht. Aber meine Sache war es nun nicht mehr.
Anne freute sich so unbändig, wie nur Anne sich freuen konnte. Sie fiel mir um den Hals. Sie jubelte und strahlte.
»Also, dein Regenbogentuch ist schließlich auch nicht ohne«, muffelte ich vor mich hin. »Ich habe mich reichlich blöd ge-

fühlt, weil ich dir nichts geschenkt hatte. Das kannst du mir glauben. Da mußte ich mir eben etwas einfallen lassen.«
Darauf ging Anne gar nicht ein. Sie legte sich aufs Bett und dachte an ihr Bergdorf.
»Wenn ich im nächsten Winter wieder dorthin fahre, dann kommst du mit«, sagte sie mit geschlossenen Augen. »Irgendwie kriegen wir das schon hin, mit dem Geld und so. Ich habe sehr viel Glück in meinem Leben. Wirklich! Manchmal könnte ich bersten vor Freude und Glück. Es ist eine Entschädigung für meine Krankheit, Sabine.«
»Wie meinst du das?« fragte ich.
»So, wie ich es gesagt habe. Man kriegt einen Heißhunger auf Leben, wenn einem kotzschlecht ist von den Chemos. Und wenn man wieder draußen ist, aus dem Krankenhaus, meine ich, dann tankt man auf. Man sieht die Welt mit anderen Augen. Nichts ist mehr langweilig. Du glaubst gar nicht, wie sehr ich mich darauf freue, wieder in die Schule zu gehen.«
Die Weihnachtsferien gingen vorbei, aber Anne fehlte noch immer. Sie mußte nicht mehr in die Klinik, sie lag nicht mehr so viel im Bett, sie hatte keine Schmerzen. Und von der Gebirgssonne war sie braun gebrannt.
Ihre Haare waren noch nicht wieder nachgewachsen. Aber da im Januar viele Leute Mützen oder Hüte trugen, war das eigentlich kein so großes Problem.
Ich wagte nicht zu fragen, warum sie nicht zur Schule kam. Die Antwort konnte ich mir denken, aber ich wollte sie nicht hören. Anne war braun und fröhlich, und das andere war nicht zu sehen.
Auch in der Klasse vermieden wir es, von Annes Krebs zu sprechen. Ihr Name fiel oft, wir redeten über sie und brachten es dabei fertig, die Bedrohung ihrer Krankheit zu umge-

hen. Ich weiß heute nicht mehr, wie wir das drehten. Aber es klappte.
Nur Jasmin hielt sich nicht immer daran. Seit wir uns geprügelt hatten, tat sie so, als sei ich Luft für sie. Aber einmal nutzte sie einen günstigen Augenblick, um ihre ganze Gemeinheit gegen mich auszuspielen. Bei Schulschluß kam sie an meinen Tisch, tippte mit dem Fuß gegen Annes leeren Stuhl und sagte: »Die kommt nicht wieder. Das weiß man doch.« Dann rauschte sie aus der Klasse.

14

Einmal hatte Anne den spontanen Einfall, mich zu besuchen. Das hatte sie noch nie getan.
Sie kam, ohne daß wir uns verabredet hätten, an einem Spätnachmittag.
Es klingelte. Franzi rannte wie immer zur Tür und gleich darauf in mein Zimmer. »Jetzt ist sie da«, sagte er. Es klang, als hätte er eine Ewigkeit auf Anne gewartet.
Sie ging ganz ungezwungen auf meine Mutter zu und gab ihr die Hand. Sie gab auch Franzi die Hand, der Anne nicht aus den Augen ließ.
»Ich bleibe nicht lange«, sagte sie. »Meine Eltern haben in der Nähe etwas zu erledigen. Da dachte ich, sie könnten mich bei Sabine absetzen. Störe ich?«
»Nein, überhaupt nicht«, beteuerte ich schnell. »So eine Überraschung! Ich kann es noch gar nicht glauben. Bist du das wirklich, oder ist das nur dein Geist?«
Anne legte den Mantel ab. Die Mütze behielt sie auf. Dann gingen wir in mein Zimmer.
Anne blickte sich um, streifte mit den Fingern an meinem Schreibtisch entlang, hob ein Lineal vom Boden auf und schlenderte dann zum Fenster.
»He, ich habe nicht aufgeräumt«, sagte ich. »Guck bloß nicht so genau hin.«
Sie lachte. »Das ist mir doch egal. Ich will nur mal dein Zimmer sehen, wie du wohnst und so. Dein Bruder ist süß.«
»Sag das bloß nicht so laut«, warnte ich. »Sonst kommt er gleich angedackelt, und wir werden ihn nicht mehr los.«
Tatsächlich ging in diesem Augenblick, wie auf ein Stichwort, die Tür auf. Franzi stapfte auf Anne zu, drückte ihr et-

was in die Hand und rannte voller Verlegenheit gleich wieder hinaus.
»Süß«, sagte sie wieder und zeigte mir ein rosa Gummibärchen.
»Iß es lieber nicht«, warnte ich sie. »Wegen der Bakterien. Es kann sein, daß Franzi damit schon drei Tage gespielt hat.«
»Ich hebe es mir als Andenken auf«, sagte Anne versonnen.
Weil sonst überall Klamotten herumlagen, setzten wir uns nebeneinander auf mein Bett. Ich war etwas verkrampft, und mir fiel zunächst nichts ein, worüber ich mit Anne reden konnte. Eigentlich ist nichts dabei, wenn man überraschend Besuch kriegt. Nur Annes spontane Einfälle hatten oft einen düsteren Hintergrund. Ich dachte an unseren verhinderten Discobesuch. Bei ihr wußte man nie, ob es ihr gut ging oder nicht. Ich traute mich auch nicht zu fragen. Wie so oft machte ich einen Affentanz um ihre Krankheit.
Langsam und etwas zögerlich ging die Tür von meinem Zimmer schon wieder auf. Franzi brachte es einfach nicht fertig, seine Neugierde zu zügeln. Er stand verlegen da und vermied es, mich anzugucken. Er wußte genau, daß er störte.
»Komm ruhig rein«, sagte Anne. »Ich hätte auch gern einen kleinen Bruder.«
»Warum hast du denn keinen?« fragte Franzi.
»Keine Ahnung! Meine Eltern wollten wohl nicht.«
»Du kannst dir einen zu Weihnachten wünschen«, schlug Franzi vor.
»Babys wünscht man sich nicht zu Weihnachten. Du bist doch sonst nicht so dumm«, sagte ich.
Franzi beachtete mich überhaupt nicht. Er hockte sich vor Anne auf den Boden und war selig. Ich habe nie verstanden, warum Franzi sich so unwiderstehlich zu Anne hingezogen fühlte. Sie muß ein Geheimnis für ihn gewesen sein. Ich habe

keine Erklärung dafür. Er schaute zu ihr hoch, als sei sie das Christkind oder die Fee aus seinem Märchenbuch.
»Ich weiß, warum du einen kleinen Bruder haben willst«, sagte er leise und sah Anne ganz arglos dabei an.
»Warum denn?« fragte sie. »Da bin ich aber gespannt.«
Und dann kam es.
»Damit deine Mama und dein Papa nicht allein sind, wenn du stirbst.«
Ich sprang auf und wollte Franzi eine kleben.
Doch Anne war schneller. Sie kniete sich zu ihm, nahm ihn in die Arme und sagte: »Ja, genauso ist es. Ich wünsche mir einen kleinen Bruder, der noch da ist, wenn ich tot bin. Einen wie dich.«
»Anne, nein, sag so was nicht!« Ich war außer mir, zerrte Franzi am Arm und schrie: »Raus!«
Anne blieb ruhig. Sie zwinkerte Franzi zu. »Laß mich jetzt lieber mit Sabine allein, sonst dreht deine Schwester durch.«
Franzi nickte verständnisvoll mit einem Seitenblick auf mich und ging dann.
Als er draußen war, legte sie mir beide Arme um den Hals. Wir fingen gleichzeitig an zu heulen.
»Ich will noch nicht sterben«, flüsterte Anne. »Wenigstens noch ein paar Jahre.«
»Geht es dir denn nicht gut?« fragte ich. »Oder hat Franzi dich erschreckt? Den knöpfe ich mir noch vor, das verspreche ich dir.«
»Unsinn! Mit deinem Bruder hat das überhaupt nichts zu tun. Mein Blutbild ist nicht schlecht, aber keiner weiß, ob es sich wieder verändert. Ich will ja gar nicht uralt werden, nur jetzt soll es noch nicht sein. Wenn dein Bruder nicht davon angefangen hätte, dann säßen wir noch immer wie Ölgötzen nebeneinander. Weißt du, daß du noch nie die Worte Tod

und Sterben ausgesprochen hast? Jedenfalls nie, wenn wir zusammen waren.«
»Das kann schon sein«, gab ich zu. »Was soll man darüber auch sagen?«
»Sabine, ich denke manchmal, daß ich bald sterben muß. Und dann wieder denke ich, daß es noch lange nicht soweit ist. – Ich möchte dich etwas fragen. Aber du darfst nicht beleidigt sein.«
»Nein, bestimmt nicht«, versicherte ich, obwohl ich gar nicht wissen konnte, was sie wollte.
»Hast du schon mal einen Jungen geküßt? – Christian?«
Alles hätte ich erwartet, nur das nicht. Die Frage brachte mich echt aus der Fassung. Obwohl ich gerade noch geheult hatte, mußte ich kichern.
Auch Anne wischte sich die Tränen ab.
Wir setzten uns wieder aufs Bett und steckten die Köpfe ganz dicht zusammen. Zögernd verrieten wir uns gegenseitig unsere Gefühle für Jungen.
»Träumst du manchmal von Küssen und sowas?« fragte ich.
Anne nickte. »Du nicht?«
»Doch, ganz oft. Ich habe mich aber noch nie wirklich getraut. Meinst du nicht, daß der Junge anfangen muß?«
»Vielleicht. Aber man muß ihm auch zeigen, daß man will«, meinte Anne. »Sonst trauen sich beide nicht und schleichen nur so umeinander herum.«
»Wieso fragst du mich das eigentlich?«
Anne holte ganz tief Luft. »Ich habe mich total verknallt.«
»Echt? Kenne ich ihn?«
Anne nickte.
»Sag schon. Ich platze vor Neugierde.«
»Wehe, du hältst nicht dicht. – Hast du wirklich keine Ahnung?«

»Nein!« Ich hob beide Hände zum Schwur. »Ich schweige wie ein Grab. Nun sag schon.«
»Benni«, hauchte sie mir ins Ohr. »Er hat mich schon zweimal besucht. Du, der ist so lieb.«
Ich fiel aus allen Wolken. Benjamin, unsere Sportskanone, der größte und stärkste aus unserer Klasse, hatte eine Schwäche für die zerbrechliche Anne. Und sie für ihn.
Wir flüsterten und tuschelten und waren beide ganz kribbelig. Es war so aufregend schön, mein Herz klopfte und mein Gesicht glühte. Endlich konnte ich mal über Christian und meine Gefühle zu ihm reden. Und Anne hatte genau solche Gefühle für Benni.
»Du stirbst noch nicht«, sagte ich auf einmal ganz locker. »Echt, wenn man so verknallt ist, fühlt man sich doch ganz lebendig. Oder ist das bei dir anders?«
Anne strahlte. »Bei mir ist das genauso. Im Augenblick fühle ich mich, als ob mein Leben nie ein Ende hätte. Aber wenn es mir schlecht geht, dann sehe ich mich manchmal auf einem hohen Felsen stehen, und unter mir ist nichts. Einfach nichts. Ich kann dir das nicht erklären. Es ist sehr windig dort. Ich weiß, wenn ich die Arme ausbreite, dann fliege ich. Und das ist der Tod.«
»Schrecklich!« flüsterte ich. »Denk lieber an Benni.«
»Sabine, weißt du, was am allermerkwürdigsten dabei ist? Es ist nicht schrecklich«, sagte Anne mit großem Ernst. »Irgendwie weiß ich, daß es nicht schrecklich ist. Ich ahne, daß da doch irgendwas ist, auch wenn ich es nicht sehe. Es ist noch nicht an der Zeit für mich zu sterben. Ich drehe mich dann um und stemme mich gegen den Wind. Auf einmal bin ich wieder in der Klinik und spüre die Nadel im Arm. Oder meine Mutter steht neben mir und sagt: ›Guten Morgen. Hast du gut geschlafen?‹«

»Das ist nur ein Traum«, sagte ich. »Vergiß ihn. Ich träume auch manchmal wirres Zeug. Wenn ich aufwache, bin ich jedesmal erleichtert und vergesse den Quatsch sofort.«
Anne lehnte sich zurück. Sie starrte zur Zimmerdecke hoch.
»Es ist ein Traum, ja. Aber auch noch etwas anderes. Es ist viel klarer als ein Traum. Man vergißt es hinterher nicht.«
»Meinst du wirklich, daß man merkt, wann man sterben muß?« fragte ich leise.
Anne war tief in Gedanken versunken, ehe sie schließlich murmelte: »Ich weiß nicht, wie es bei anderen ist. Ich weiß nur, daß meine Zeit noch nicht gekommen ist.«

Als Anne kurz darauf von ihrer Mutter abgeholt wurde, habe ich mir mein Tagebuch vorgenommen. Das Gespräch beschäftigte mich noch lange, auch Annes unerwarteter Besuch und die Sache mit Benni. Deshalb habe ich alles aufgeschrieben. Das war am 22. Januar.

15

Im Februar kam Anne endlich wieder zur Schule. Die erste Zeit blieb sie nur vier Stunden pro Tag. Sie durfte sich auf keinen Fall überanstrengen.

»Eh, Zuckerpüppchen«, rief ihr Marian jeden Morgen zu.

Ich fand das doof, denn Anne war alles andere als ein Zuckerpüppchen. Aber sie lachte. Ich muß zugeben, es klang auch nicht gemein. Wahrscheinlich hatte Marian Respekt vor Annes Krankheit und wie sie damit umging. Mit Fäusten konnte man den Krebs nicht wegboxen. Das muß ihn sehr beeindruckt haben.

Die Lehrer waren ausgesprochen höflich zu Anne. Jeder sagte irgendeine Nettigkeit. Das gefiel Anne weniger.

»Müssen die alle so herumtönen?« knurrte sie mir zu.

Benni und Anne waren einfach süß. Sie schoben sich Zettelchen während des Unterrichts zu, bissen abwechselnd vom selben Butterbrot ab, sie flüsterten und lächelten sich an. Bald war jedem in der Klasse klar, daß sich da was abspielte. Entsprechende Bemerkungen machten die Runde.

Simone reagierte eifersüchtig. Sie mischte sich dauernd ein oder drängelte sich in den Pausen zwischen Anne und Benjamin. Mir war allerdings nicht klar, warum. Denn sie war weder mit Benjamin noch mit Anne befreundet. Ich weiß nicht, was in ihr vorging.

Jasmin warf den beiden schräge Blicke zu. Sie tippte sich gegen die Stirn oder verzog das Gesicht zu einer Grimasse hinter Bennis und Annes Rücken. Aber davon nahm keiner besonders Notiz. Jasmins Beliebtheit in der Klasse bröckelte. Die Jungen veränderten sich. Sie tauschten zwar noch Comics und bolzten mit einem Ball, wo immer sie Platz fanden,

aber sie fielen nicht mehr auf Jasmins Angeberei herein, jedenfalls nicht mehr so oft. Sie standen jetzt öfter bei Anne und hörten ihr zu. Das ärgerte Jasmin. Sie machte dann blöde Bemerkungen zu Elke, die ihr treu ergeben war. In der fünften Klasse war Jasmin so eine Art Star bei uns gewesen. Jetzt, wo wir uns dem Ende der sechsten näherten, war sie fast isoliert. Und das nahm sie Anne übel.
Anne ließ das ungerührt. Sie fühlte sich in der Klasse wohl und büffelte, um den versäumten Unterrichtsstoff aufzuholen. Sie schrieb auch ungeniert ab, wenn sie etwas nicht konnte. Und sie freute sich auf unsere geplante Klassenreise nach den Osterferien.
»Bis dahin sind meine Haare wieder ordentlich nachgewachsen«, sagte sie. »Dann merkt keiner mehr, daß da mal was war.«
Aber eines Morgens fehlte Anne plötzlich wieder.
»Hat sie zu dir was gesagt?« fragte mich Benni, als die erste Unterrichtsstunde vorüber war.
»Nein, nichts. Vielleicht hat sie eine Untersuchung, eine Kontrolle. Kann doch sein?«
Benni hob seine Schultasche vom Boden auf und stellte sie auf Annes leeren Stuhl. Er wirkte reichlich abwesend.
Christian kam. »Na?« Das war alles, was er sagte. Er brauchte nicht zu erklären, was er meinte.
Simone setzte sich auf meinen Tisch. Sie guckte zwischen uns hin und her. Wir sagten nichts. Simone sagte nichts. Es klingelte zur nächsten Stunde.
Wir hatten Bio oder Englisch oder Geschichte. Ich weiß es nicht mehr. In Gedanken war ich weit weg. Mit einem Gummiband schnipste ich einen zusammengefalteten Zettel quer über den Tisch zu Benni. Darauf stand nur ein Wort: Verschlafen!?

Benni schüttelte den Kopf.
In der zweiten großen Pause schlug Christian vor: »Wir rufen vom Sekretariat aus bei Herzogs an. Dann wissen wir, was Sache ist.«
Das fand ich nicht gut. »Was sollen wir denn sagen? Vielleicht: Eh, hast du wieder Krebs?«
»So drastisch doch nicht! Feingefühl ist wohl nicht deine Stärke?«
Benni war genauso wie ich dagegen. »Laura fehlt schon seit zwei Tagen. Da rufst du auch nicht von der Schule aus an und fragst, was sie hat. Wenn wir uns jetzt an die Strippe hängen, hört Anne schon am Klingeln, was wir denken. Der kannst du nichts vormachen.«
Christian muffelte vor sich hin. »Ja, wahrscheinlich hast du recht. Aber was dann?«
»Nichts«, entschied Benni. »Wir warten bis morgen oder bis Anne sich meldet.«
Am nächsten Tag war sie wieder da, pünktlich wie immer.
»Eh, du!« Christian grinste wie ein Smily-Aufkleber.
»Hallo!« Bennis Stimme war rauh. Seit einiger Zeit hatte er damit Last, wenn er aufgeregt war.
Anne guckte die beiden an, sie guckte mich an, schüttelte leicht den Kopf und sagte dann: »Kann man nicht mal schwänzen?«
»Einfach so?« fragte ich.
»Ja, wie denn sonst!« sagte Anne.
Darauf fiel mir keine Antwort ein.
In der Pause wollte ich es genauer wissen. »Warum hast du nun geschwänzt? Irgendeinen Grund hat das doch immer.«
»Ich war einfach mies drauf«, gestand sie mir. »Nicht, was du vielleicht denkst. Mit meinen Leukozyten hatte es nichts zu tun, sondern mit meinen Eltern.«

Benni stellte sich zu uns. Er hatte den letzten Satz auch mitgekriegt. »Krach?« fragte er.
»So ähnlich«, wich Anne noch immer aus. Sie seufzte und machte ein ziemlich unglückliches Gesicht.
»So was gibt es überall. Mensch, Anne, das nächste Mal steckst du dir die Finger in die Ohren oder drehst deine Stereoanlage auf volle Lautstärke«, schlug Benni vor.
»Ach, spar dir deine Ratschläge!« sagte sie pampig. »So einfach ist das nicht. Bei dir ist immer alles easy. Bei mir eben nicht.«
Benni und ich warfen uns einen fragenden Blick zu. Christian kam nun auch noch dazu.
»Da ist die Clique ja wieder vollzählig«, sagte Simone ziemlich spitz.
»Hast du Probleme?« fragte Christian sie.
»Ihr hockt doch dauernd zusammen. Am liebsten hättest du es, wenn ich mit dir meinen Platz tauschen würde. Stimmt's? Damit du hier am Vierertisch sitzen kannst, zusammen mit Sabine, Anne und Benjamin. Aber den Gefallen tu ich dir nicht.«
Simone fühlte sich ausgegrenzt. Das wurde mir auf einmal klar. Früher hatte ich öfters mit ihr etwas unternommen. Wir waren nicht gerade Freundinnen gewesen, aber doch mehr als nur Klassenkameradinnen. Seit Anne neben mir saß, hatte ich mich nicht mehr um Simone gekümmert.
»Ach, sei nicht gleich eingeschnappt«, sagte ich etwas hilflos. »Ich habe nichts gegen dich. Du kannst ruhig hier sitzen. Das ist schon in Ordnung.«
Simone tat so, als ob sie mich gar nicht gehört hätte.
Jetzt verstand ich auch, warum sie sich häufig zwischen Anne und Benni drängelte, wenn die zusammenstanden. Simone wollte zu uns gehören, zu unserer Clique. Ich nahm mir

vor, mit den andern darüber zu reden, wenn sie gerade nicht in der Nähe war. Aber im Augenblick wollte ich erst mal wissen, was bei Herzogs los war und warum Anne die Schule geschwänzt hatte.
Nach und nach kam heraus, daß Herr Herzog kaum noch zu Hause war. »Du läufst vor Annes Krankheit weg, machst dir das Leben angenehm und läßt mich mit dem Kind allein, gerade wo wir dich am nötigsten bräuchten.« So oder so ähnlich hatte Frau Herzog ihre Vorwürfe formuliert. »Jedesmal, wenn ich mich wieder fit fühle, kriegen die ihre Krise«, sagte Anne bitter. »Ich verstehe es einfach nicht.«
»Und wegen so was schwänzt du gleich die Schule?« brauste Benni auf. »Meinst du vielleicht, bei uns zu Hause gäbe es nie Streit? Du mußt nicht alles auf dich beziehen.«
»Es geht aber um mich«, sagte Anne heftig, »um meine Krankheit.«
»Das scheint nur so. Deine Krankheit ist natürlich eine Belastung für deine Eltern. Deshalb hängen sie ihren Seelenschrott daran auf. Früher hat dein Vater bestimmt auch nicht dauernd zu Hause gesessen. Haben sie sich da etwa nicht gestritten?«
»Doch«, sagte Anne kleinlaut.
»Hör bloß damit auf, dir Vorwürfe zu machen«, unterstützte ich Benni. »Komm nach der Schule mit zu mir. Das bringt dich auf andere Gedanken. Du sitzt immer nur zu Hause herum. Du traust dich nie wegzugehen. Deine Mutter traut sich auch nicht wegzugehen. Da muß man doch eine Krise kriegen.«
Anne antwortete nicht.
»Ihr könnt auch beide zu mir kommen«, schlug Benni vor. »Oder wir gehen zu dir, Christian. Ihr habt doch einen Partykeller. Ja, wir machen eine Fete!«

Christian meinte, er müsse erst zu Hause fragen. Anne meinte, sie auch. Wir beschlossen, nach der Schule am nächsten Tag gemeinsam zu Christian zu gehen, vorausgesetzt, daß alle zugehörigen Eltern damit einverstanden waren.
Christian rief noch am selben Abend bei mir an. Seine Eltern hatten nichts dagegen. Ich rief bei Anne an und sie anschließend bei Benni. Wir durften alle kommen.
Ich freute mich sehr. Ehe die Läden schlossen, kaufte ich noch rasch eine Tüte Chips. Vielleicht könnten wir auch Simone einladen, dachte ich. Aber das war wohl doch nicht gut. Wir waren nun mal eine Viererclique, und Simone wäre wie das fünfte Rad am Wagen gewesen. Besser nicht.
Unsere Fete wurde super. Benni brachte Limo und Cola mit. Anne hatte Erdnüsse dabei. Christian holte einen Kassettenrecorder und legte ein Band mit Hüpfmusik ein. So nannte er das selber. Wir kamen auch ziemlich schnell in Schwung. Anne wollte tanzen. Aber die Jungen trauten sich erst nicht. Sie machten sich stocksteif, diese Feiglinge. Also tanzten nur Anne und ich. Dabei stichelten wir so lange, bis sich Christian und Benni schließlich doch noch bewegten. Allerdings war das eher ein auf der Stelle trampeln mit Anfassen und viel Gekicher. Aber das war auch super. Als es gegen Abend ein bißchen dunkel wurde, fingen wir an zu knutschen. Es war irre aufregend. Eine Fete mit so viel Herzklopfen hatte ich noch nie erlebt.
Anne war kaum zu bändigen. Noch nie hatte ich sie so wild und ausgelassen erlebt. Wenn ich daran dachte, wie sie in ihrem Zimmer saß und sanfter Musik mit Wellenplätschern und Gongschlägen lauschte, und wie sie jetzt an Benni hing und mit ihm durch den Partykeller hüpfte – ich würde es nicht glauben, wenn ich es nicht selbst gesehen hätte. Anne strotzte vor Kraft und Fröhlichkeit.

Doch plötzlich, wie vom Donner gerührt, hielt sie inne. »Hast du einen Würfel?« fragte sie Christian.
»Was?«
»Na, einen ganz gewöhnlichen Würfel. Habt ihr keine Spiele?«
»Doch«, sagte Christian. »Da müßte ich mal nachschauen. Aber wozu brauchst du jetzt unbedingt einen Würfel?«
Anne hatte Benni losgelassen. Sie stand mitten im Raum, angespannt und voll konzentriert auf irgend etwas, das nur sie wahrnahm. »Wenn ich eine Eins oder eine Sechs würfel, dann weiß ich, daß ich gewonnen habe«, sagte sie.
»Was denn gewonnen?«
»Mein Leben«, sagte Anne. »Los, hol einen Würfel. Ich will es wissen. Jetzt!«
Da war es also wieder, Annes Monster. Man war nie davor sicher. Christians Gesicht wurde so ausdruckslos, als hätte er eine Maske aufgesetzt. Er sagte: »Du spinnst wohl! Von mir kriegst du keinen, und wenn du dich auf den Kopf stellst. Um das Leben würfelt man nicht.«

16

Im März hatte Anne wieder einige Untersuchungen. Es war aber reine Routine. Sie erzählte mir, daß die Leukos sich noch nicht genug vermehrt hätten. »Kein Grund zur Beunruhigung. Das ist durchaus normal. Bei einem geht es schneller, bei anderen dauert es länger«, sagte sie. »Ich muß jeden Tag ein Glas Rote-Bete-Saft trinken. Schmeckt scheußlich, macht aber die Leukos glücklich. Außerdem kriege ich noch Vitamin-C-Tabletten. Gegen Erkältung. Ich stopfe alles in mich hinein und denke dabei an unsere Klassenreise. Bis dahin will ich topfit sein. Du glaubst gar nicht, wie ich mich darauf freue.«

Sie hatte ihre Lücken in der Schule fast aufgearbeitet. Nur mit der englischen Grammatik kam sie nicht klar. Ihre Haare waren gut nachgewachsen, aber noch immer ein bißchen fusselig. Anne sprühte sie sich oft blau und grün an. Das sah einfach irre aus. Sie ging jetzt auch in jeder Pause mit uns anderen auf den Schulhof. Ihre Mütze behielt sie nur noch auf, wenn es kalt war. Und natürlich, wenn es regnete. Damit ihr die Haarfarbe nicht am Hals herunterlief.

Ungefähr in dieser Zeit setzte sie sich auch gegen ihre Mutter durch. Anne wollte nicht mehr mit dem Auto zur Schule gebracht und wieder abgeholt werden. Frau Herzog war unendlich besorgt. Am liebsten hätte sie ihr Anne-Kind in Watte gepackt. Aber das Anne-Kind wollte leben wie wir anderen auch.

In den Osterferien büffelten wir zusammen englische Vokabeln. Abwechselnd bei mir und bei ihr. Ich setzte mich nämlich auch durch und weigerte mich, immer nur zu ihr zu gehen.

In den Osterferien räumte sie auch ihr Zimmer um. Über die sonnengelben Tapeten hängte sie Poster. Sie nahm die Gardinen ab und tauschte sie gegen Topfpflanzen ein. Ihre Kuscheltiere wurden auf den Kleiderschrank verbannt. Sie mistete ihren Kinderkram aus und stellte ein Klassenfoto von der 6a auf ihren Schreibtisch: Wir alle grinsend und faxenmachend vor unserem Klassenhaus gegen Gewalt. Es roch auch anders in ihrem Zimmer, nicht mehr nach Räucherstäbchen, so nach Zerbrechlichkeit, nach irgendwas Verlorenem. Anne war voller Lebendigkeit und Kraft und voller Zukunftspläne.

»Ich möchte früh heiraten«, sagte sie einmal zu mir. »Ich suche mir einen Job in der Entwicklungshilfe. Vielleicht baue ich ein Heim auf für Straßenkinder, zusammen mit meinem Mann...«

So etwas wäre mir nie in den Sinn gekommen. Ich wollte meinen Spaß mit Christian haben, wollte mit ihm ins Kino gehen, später in die Discos und vielleicht ein paar tolle Reisen machen, irgendwann. Aber weiter dachte ich nie.

Und dann kam unsere Klassenfahrt. Für Anne wurde sie zum Machtkampf mit ihrer Mutter und zu einer großen Enttäuschung.

Sie durfte nicht mitfahren. Es war das einzige Mal, daß sie sich nicht behaupten konnte.

Bei Herzogs brach die totale Krise aus. Anne heulte, ihre Mutter bekam Migräne. Herr Herzog haute in die Tasten und blieb anschließend die ganze Nacht weg.

Anne erzählte es mir und war wieder nahe daran zu weinen. Sie versuchte mich als Verstärkung einzusetzen. »Versprich meiner Mutter, daß du auf mich aufpaßt, daß ich genug schlafe und nicht mit nassen Füßen herumlaufe«, bat sie. »Meine Mutter hält dich für sehr zuverlässig und reif für

dein Alter. Glaub mir, das hat sie mehrmals gesagt. Sabine, versuch es wenigstens.«
Ich versuchte es. Aber Frau Herzog winkte ab.
»Du überblickst die Folgen nicht, Sabine. Anne geht es jetzt gut, aber eine Grippe kann ihr Körper noch nicht verkraften«, erklärte sie. »Erinnerst du dich an ihren Schnupfen?«
»Das ist doch lange her«, schrie Anne dazwischen. »Außerdem muß man sich auf einer Klassenfahrt keine Grippe holen. Wir schlafen doch nicht im Freien.«
»Nein!« Frau Herzog seufzte. »Anne-Kind, bitte! Du kannst noch viele Klassenfahrten in deinem Leben mitmachen. Sei doch vernünftig.«
»Himmel! Ich bin vernünftig«, schrie Anne. »Ich schleppe Rote-Bete-Saft mit und Vitamin C, einen dicken Schal und Wollsocken. Alles, was du willst. Von mir aus einen ganzen Koffer voll Krempel.«
Frau Herzog tat mir leid. Sie wollte Anne jeden Wunsch erfüllen, nur dieses eine Mal glaubte sie nicht nachgeben zu dürfen. »Du weißt doch, daß ich es nur gut mit dir meine«, sagte sie verzweifelt. »Sabine, kannst du Anne nicht zur Vernunft bringen? Sie stellt sich taub gegen alles, was ich sage. Sie macht ein Drama aus dieser Klassenfahrt.«
Ich kam mir vor wie in einem Irrenhaus. Anne wollte meine Unterstützung gegen ihre Mutter, und Frau Herzog bat mich, Anne zur Vernunft zu bringen. So ein Durcheinander kann ich überhaupt nicht ausstehen.
Am Ende mußte Anne nachgeben. Wir fuhren ohne sie.

Ich wollte ihr hinterher erzählen, was wir unternommen hatten und was sich nachts auf den Fluren und in den Schlafräumen abgespielt hatte, aber Anne unterbrach mich, kaum daß ich angefangen hatte.

»Ich will nichts davon hören. Dieser Teil des Lebens hat ohne mich stattgefunden«, sagte sie spitz.
Du meine Güte! Sie war noch immer sauer.
»So aufregend war es nun auch wieder nicht«, sagte ich. »Was hast du denn in der Zeit gemacht?«
»Ich habe meine Oma und meinen Opa besucht. Anschließend sind wir mit ihnen zusammen zu der Schwester meiner Mutter gefahren. Die hat gerade ihr drittes Baby gekriegt«, erzählte Anne.
»Na, immerhin«, sagte ich. »Bei Familientreffen gibt es viel gutes Essen. Und wie war es sonst?«
»Wie war es?« wiederholte Anne und mußte erst einmal darüber nachdenken. »Wie ein großes Abschiednehmen. Hände schütteln ohne Ende, Küßchen hier, Küßchen da, seufz, seufz... und bei allem ein fotoschießender Onkel. Für die bleibende Erinnerung.«
»Geht es dir nicht gut?« erkundigte ich mich.
»Doch, prima«, versicherte sie. »Warum fragst du?«
»Irgendwas stimmt mit dir nicht. Du hast so seltsame Ansichten.«
»Seltsame Ansichten?« Anne guckte mich verblüfft an. »Was meinst du denn damit?«
»Naja, deine Tante kriegt ein Baby, sie lädt die Verwandten zur Familienfete ein, und dein Onkel fotografiert. Wieso ist das ein großes Abschiednehmen, frage ich mich?«
»Ach, das meinst du.« Anne zupfte an ihren Haaren. Sie ließ sich ablenken von Steffen, der mit Thorsten Dickmann eine schrille Debatte führte. Die beiden waren kurz davor, sich zu prügeln.
Frau Schneider-Solle kam ins Klassenzimmer. »Ruhe! Was ist hier los? Hört sofort auf dahinten.«
Dicki und Steffen waren aber noch nicht miteinander fertig.

Hanno brüllte auch dazwischen. Wir hatten wieder einen Gewaltfall für unser Klassenhaus.
Anne zupfte mich am Ärmel. »Habe ich ›großes Abschiednehmen‹ gesagt?« murmelte sie. »Das mußt du falsch verstanden haben. Ich habe irgendwas anderes gesagt. Es fällt mir bloß nicht mehr ein.«
Wir ließen es dabei. Die drei Jungen hatten sich noch immer nicht abreagiert. Die Fetzen flogen, zumindestens als Schimpfwörter. Schulalltag live.
Aber Anne hatte wirklich »großes Abschiednehmen« gesagt. Ich weiß es genau.

17

Es war inzwischen Mai geworden. Überall duftete, blühte, kribbelte und krabbelte es. So lebendig hatte ich den Mai noch nie erlebt. Ehrlich gesagt, ich hatte zuvor noch nie einen Monat bewußt erlebt. Klar, im Mai scheint oft die Sonne. Man kann wieder T-Shirts anziehen und abends noch mit dem Fahrrad herumkurven, weil die Tage länger geworden sind. In der Schule gibt es Pfingstferien. Aber mehr fällt mir zum Mai nicht ein. Jedenfalls bisher war das so.

Für Anne war alles ganz anders. Sie blieb unter einem Baum stehen, der viele rosa Blüten hatte. Es war windig, und die Blütenblätter wirbelten durch die Luft. Sie hielt mich fest, hörte nicht zu, obwohl ich ihr gerade erklärte, wie wichtig ich es finde, daß wir im nächsten Schuljahr eine neue Klassensprecherin wählen.

»Leg mal den Kopf in den Nacken«, sagte Anne. »Der Himmel ist heute ganz hoch und weit. Diese Blättchen überall, wie rosa Funken! Man wird ein bißchen schwindelig, weil die Wolken so schnell ziehen. Und wie das riecht!«

»Ja, ja, schön!« murmelte ich. »Also, von einer Klassensprecherin erwarte ich, daß sie sich durchsetzt. Aber genau das kann Nahire nicht.«

Ich sah, wie Anne die Luft tief einatmete. Und wie ich sie dabei beobachtete, roch ich plötzlich auch den süßen Blumenduft, der uns umgab. Der graue Weg war mit rosa Blättchen gesprenkelt, die um unsere Füße zappelten. Bei jedem Windstoß flatterten sie wild durcheinander wie erschreckte Insekten. Sie landeten wieder, drängelten sich zusammen an einer Gartenmauer oder schwirrten weiter um uns herum.

Und der Himmel war wirklich hoch und weit. Manchmal

hängen die Wolken fast bis auf die Dächer herunter, überlegte ich. Das sind die Tage, an denen ich am liebsten gar nicht vor die Tür gehen möchte. Aber heute war es draußen viel schöner als im engen Zimmer. Ein paar Vögel flogen über unsere Köpfe hinweg. Ich mußte niesen. Es kribbelte in meiner Nase, es kribbelte auf meiner Haut, an meinen Zehen.
»Eh, ich habe Frühlingsgefühle!« sagte ich lachend zu Anne.
»Aber klar! Hast du das endlich gemerkt?«
Wir waren fröhlich und erlebten den Mai. Ich ahnte nicht, daß Anne todkrank war.

Das Wochenende um den 18. und 19. Mai verbrachten wir zusammen. Ich weiß das Datum noch genau. Annes Eltern waren in ein gemütliches Hotel gefahren, um sich auszusprechen und einen Ausweg aus ihrer Ehekrise zu suchen. Zuerst sollte Anne mitfahren. Aber sie wollte gar nicht. Dann hieß es, ihre Großeltern würden in dieser Zeit zu ihr kommen. Doch Anne fragte meine Mutter, ob ich bei ihr übernachten dürfte. Meine Mutter willigte ein, denn sie konnte meiner Freundin nur schwer einen Wunsch abschlagen. Ich glaube, sie mochte Anne auch. Obwohl sie das nie offen zugab. Von Annes Großeltern war dann nicht mehr die Rede. Ich vermute, Anne hatte ihren Willen wieder einmal durchgesetzt.
Sie setzte ihren Willen oft durch, und das hatte viel mit ihrer Krankheit zu tun. Ich glaube nicht, daß Anne es berechnend tat. Aber man konnte ihr nur schwer etwas verweigern, weil sie doch Krebs hatte – oder gehabt hatte. Nie war sie sicher vor einem Rückfall. Es war etwas Unheimliches, das Anne umgab. Das Rückfall-Gespenst lauerte, man durfte es nicht wecken. Ich hatte wirklich eine Zeitlang diese Vorstellung von einem Gespenst, einem bösen Geist, der es auf Anne abgesehen hatte. Oft tat ich, was sie wollte, aber ich bin nicht

sicher, daß ich es auch getan hätte, wenn Anne wie jedes andere Mädchen gewesen wäre.
Wir versuchten, Benni und Christian einzuladen. Benni hatte leider keine Zeit. Er mußte seinem Vater fast das ganze Wochenende helfen. Christian kam am Samstagnachmittag für eine Stunde vorbei. Aber irgendwas behagte ihm nicht. »Zwei Freundinnen sind mir zuviel«, blödelte er und verdrückte sich wieder.
Der Samstagabend war mild. Von den Dächern pfiffen die Amseln. Anne und ich gingen noch ein bißchen nach draußen. Nicht weit von ihrer Wohnung waren ein paar Gärten, und dahinter gluckerte ein Bach, der im Frühjahr öfter Hochwasser führte. An diesem Bach setzten wir uns ins Gras der Uferböschung. Der Mond stand schon am Himmel, obwohl es noch gar nicht dunkel war.
Anne hatte die Beine angezogen und die Arme um die Knie gelegt. Sie blickte zu dem blassen Mond hinauf, der ganz dünn und schmal war und mich an einen abgerissenen Fingernagel erinnerte.
»Glaubst du, daß da oben etwas ist?« fragte Anne leise.
»Du meinst, im Himmel?«
Diese Frage hatte ich mir selber schon oft gestellt, aber nie eine Antwort gefunden. Unser Schulpfarrer spricht ständig von Gott im Himmel, der alles sieht, von Schutzengeln, die uns zur Seite stehen, und vom Teufel, der das Fegefeuer einheizt für die armen Sünder. Aber wenn man es genauer wissen will, weicht er jedesmal aus und sagt, das seien alles nur Gleichnisse.
»Ich glaube, das ist die schwierigste Frage, die es gibt«, sagte ich nach einer Weile. »Niemand kann dir das richtig beantworten.«
Anne war sehr nachdenklich. Sie schaute noch immer zum

Mond hinauf, um den sich Wolken sammelten. »Es ist nicht alles zu Ende, wenn man stirbt«, sagte sie. »Ich weiß es irgendwie.«

»Das kann man nicht wissen, auch nicht irgendwie«, behauptete ich.

»Man kann es nicht beweisen, aber spüren«, widersprach Anne. »Es ist wie mit der Freude. Die kann man auch nicht messen, wiegen oder sonstwie beweisen. Aber trotzdem spürst du sie ganz deutlich. – Habe ich dir mal von Marion erzählt?«

»Nein, ich glaube nicht.«

»Marion lag mit mir im selben Zimmer. Vor einem Jahr war das. Sie war schon etwas älter. Es ging ihr nicht gut, aber sie hatte keine Schmerzen, weil sie Medikamente dagegen bekam. Marion redete fast nie. Und dann auf einmal sagte sie ganz deutlich: »Anne, ich gehe jetzt mal.« Ich wollte die Schwester rufen, denn ich wußte genau, was sie meinte. Aber Marion machte mir ein Zeichen mit der Hand. »Ich will keine Unruhe. Die Schwester stört mich nur.« Ihr Gesicht war entspannt, sie lächelte, und wie ich sie so anguckte, schoß mir der Gedanke durch den Kopf, daß sie glücklich ist. Ich fragte sie, ob sie denn keine Angst hätte. Sie drehte den Kopf ein bißchen mehr zu mir. »Mein ganzes Leben lang habe ich mich immer vor irgendwas gefürchtet«, sagte sie, »aber jetzt ist es gut. Ich sterbe. Das ist alles.« Anne streckte die Beine aus und richtete sich ein wenig auf.

»Ist sie dann gleich darauf gestorben?« fragte ich.

»Ja und nein. Sie hat nicht mehr gesprochen und sich nicht mehr bewegt. Sie hat wohl auch nicht mehr geatmet. Aber sie war trotzdem irgendwie noch da. Ich kann das nicht erklären, aber ich habe es gespürt. In der Nacht danach hatte ich einen sehr klaren Traum. Der Robert hat später gesagt, das sei eine Vision gewesen. Es ist eigentlich egal, wie man das nennt. Jedenfalls war Marion im Zimmer. Sie sah unglaublich strahlend aus. Nicht etwa wie ein Engel, mit so einem komischen Hemd und Flügeln wie ein Storch. Es war noch immer Marion. Der Robert hat gesagt, es sei der Geist, die Seele von Marion gewesen.«

»Wer ist denn der Robert?« fragte ich.

»Der Robert ist für alle in der Klinik da, die Depressionen haben oder durchdrehen oder aufgeben wollen. Er setzt sich auch an das Bett, wenn jemand stirbt. Zu Marion ist er nicht gekommen, weil sie so unauffällig gegangen ist. Sie wollte mir zeigen, wie einfach das Sterben sein kann, wenn man sich nicht dagegen sträubt. Aber sie wollte mir noch mehr zeigen, nämlich, daß der Tod nicht das Ende ist.«

Es war nun beinahe dunkel geworden und deutlich kühler. Wir standen auf. Die Wolken hatten sich wieder verzogen. Der Mond leuchtete, und um uns herum waren Schatten. Ich mußte an meine Oma denken. Sie war morgens gegen fünf Uhr gestorben. Genau zu dieser Zeit hatte mich etwas geweckt. Es war mir so vorgekommen, als hätte mich jemand berührt. Da war aber niemand. Es war noch ganz still in der Wohnung. Ich war ein bißchen aufgeregt und wußte nicht warum. Ich bin dann aufgestanden und zum Fenster gegangen. Draußen wurde es gerade hell. Mein Wecker zeigte sieben Minuten nach fünf. Obwohl ich bestimmt ganz wach war, hatte ich das Gefühl, von Oma zu träumen. Sie war mir ganz nahe.

Im Wohnzimmer klingelte das Telefon. Dann hörte ich meine Mutter sprechen, kurz darauf auch meinen Vater. Meine Eltern liefen unruhig hin und her. Ich ging zu ihnen ins Wohnzimmer. Mein Vater räusperte sich: »Sie haben gerade vom Krankenhaus angerufen. Oma ist vor zehn Minuten –« Er

brauchte nicht weiterzusprechen. Ich wußte, daß sie gestorben war.
Seltsam, daß Anne mit Marion etwas ähnliches erlebt hatte.
Wir gingen noch beim Italiener vorbei und holten uns Pizza für unser Abendessen. Meine Pizza schmeckte super. Ich hatte einen Riesenhunger, weil es schon viel später war, als wir zu Hause Abendbrot essen. Anne hatte keinen Appetit. Sie pickte die Tomaten und Salamischeiben herunter und ließ den Rest stehen.
»Ich gehe ins Bett und lese noch ein bißchen«, sagte sie.
»Jetzt schon?«
Ich hatte mich darauf gefreut, schön lange aufzubleiben. Wir hatten die Wohnung für uns. Keine Erwachsenen, die anfangen zu zetern, wenn die Uhr auf zehn zugeht. Und Anne wollte schon um neun ins Bett!
»Du kannst noch fernsehen, wenn du willst«, bot sie mir an.
»Mir ist kalt. Außerdem habe ich ein spannendes Buch.«
Lustlos saß ich noch eine Stunde vor Herzogs Flimmerkiste und fand das Programm stinklangweilig. Ich fühlte mich unbehaglich in der fremden Wohnung. Klar, ich kannte mich hier aus, aber trotzdem war es nicht wie zu Hause. Schließlich schaltete ich ab und ging zu Anne.
Sie las gar nicht, sondern hatte sich tief in ihre Decke eingemummelt und das Gesicht zur Wand gedreht.
Ich wollte sie nicht stören. Also zog ich mich auch aus und legte mich auf die Matratze, die für mich in Annes Zimmer hergerichtet war. Das darf man keinem erzählen, dachte ich noch. Wer geht denn freiwillig mit den Hühnern ins Bett?
Irgendwann in der Nacht kam sie zu mir unter die Decke gekrochen. »Schlaf weiter«, flüsterte sie, »ich will nur fühlen, daß du da bist.«
»Ist schon okay«, murmelte ich. »Hast du Angst?«

»Ich war wieder auf dem Felsen«, sagte sie so leise, daß ich sie kaum verstand.
»Was? Wo warst du?« Langsam wurde ich munterer, aber trotzdem begriff ich nicht, was sie meinte.
»Ich habe dir doch von dem hohen Felsen erzählt, auf dem ich mich manchmal stehen sehe. Erinnerst du dich? Es ist immer sehr windig dort, und unter mir ist nichts. Sabine, das kannst du doch nicht vergessen haben!«
»Ja, das hast du mal erzählt. Ich weiß es noch.«
»Heute nacht war ich wieder dort. Im Traum oder so. Ich habe die Stelle gleich erkannt. Aber heute konnte ich mehr sehen als bisher.«
»Das ist nur eine komische Phantasie«, sagte ich. »Vergiß es und schlaf weiter.«
Anne hörte nicht auf meinen Einwand. »Du, Sabine, von dem Felsen führt ein schmaler Weg hinunter in eine Schlucht. Das ist mir bisher nie aufgefallen. In der Schlucht ist es ziemlich dunkel, aber man kann ein Licht am Ende sehen. Irgendwann gehe ich da hindurch.«
»Ich muß mal aufs Klo«, unterbrach ich sie. »Wo ist denn hier ein Lichtschalter?«
Sie half mir. Als ich zurückkam, lag sie noch auf meiner Matratze. Wir machten es uns nebeneinander bequem, und ich schlief bald weiter.
Vielleicht wollte Anne damals noch mehr über ihren Traum sprechen. Ich weiß es nicht. Ich weiß nur, daß ich davon nichts hören wollte. Ich mußte mich abgrenzen. Es war eine Art Notwehr.
Am Sonntag war sie muffelig und lustlos. Statt sich zum Frühstück ein leckeres Marmeladenbrot zu streichen, biß sie von der kalten, trockenen Pizza ab, die noch vom Vorabend auf dem Tisch stand. Ich schaltete das Radio ein. Sie machte

es gleich wieder aus. Ich wollte nach draußen gehen. Sie sagte: »Nee!«
»Was dann?« fragte ich. »Sollen wir den Tag vergammeln und uns anöden? Also Anne, das paßt mir nicht. Dann gehe ich lieber gleich nach Hause.«
»Hau ab!« schrie sie gereizt.
»Was ist denn mit dir los? Bist du doof? Oder hast du noch immer nicht ausgeschlafen?«
Sie kauerte sich in einen Sessel, zog die Beine an und legte den Kopf auf die Knie. Sie antwortete nicht.
Da bekam ich Angst. Der Traum heute nacht, das Tal, der Felsen... Hatte Anne etwa wieder – ? Ich hätte sie fragen sollen, aber ich brachte es nicht fertig. Es ist leicht, sich zu erkundigen, ob jemand schon wieder erkältet ist oder Kopfschmerzen hat. Das ist höflich und nett. Aber Anne fragen, ob sie einen Rückfall hatte, konnte ich nicht.
Sie muß es gespürt haben, denn sie hob den Kopf und sah mich an. Sie lächelte. Ich wußte, was dieses zerbrechliche Lächeln bedeutete. Ich hatte gelernt, ihr unterschiedliches Lachen zu deuten. Da brauchte ich nicht mehr zu fragen.
Ich stand neben dem Frühstückstisch, den ich gerade abräumen wollte. Das Geschirr in meinen Händen bekam plötzlich Gewicht, und mein Kopf war leer. In diesem Augenblick hatte ich wieder das seltsame Empfinden, als würde die Zeit anhalten. Es war ein Zustand, der nur wenige Sekunden dauerte, aber er war lang genug, um zu begreifen, daß alles weitergeht, daß man in Wirklichkeit nichts aufhalten kann. So sehr man sich auch bemüht, so sehr man es sich auch manchmal wünscht. Nichts kann die Zeit anhalten. – Und irgendwann kommt so der Tod.

Am Montag kam Anne nicht mehr zur Schule. Benni und

Christian vermuteten, daß sie wieder schwänzte. Ich wußte es besser, aber ich sagte nichts. Als sie auch am Dienstag und Mittwoch nicht kam, wurde auch den anderen klar, daß sie wieder krank war.
Ich rief bei Herzogs an. Anne war noch bis Freitag zu Hause, aber sie wollte nicht mit mir sprechen. Sie wollte auch nicht mit Benni sprechen, nicht einmal mit ihren Eltern. Frau Herzog klang verzweifelt am Telefon. Sie erzählte mir, Anne habe ein Schild an ihre Zimmertür gehängt. Darauf stand: Betreten verboten.
Anne durchlebte jetzt eine Zeit, in der sie allein sein wollte. Dieser Zustand dauerte auch noch an, als sie wieder in der Klinik war. Ich weiß nicht, was in ihr vorging. Gerade jetzt hätte sie sich doch freuen müssen über jeden Besuch, über jede Ablenkung. Aber sie wollte ganz bei sich selbst sein.
Das war anders als sonst.
Nach zehn Tagen kam sie nach Hause zurück. Es war diesmal aber keine Pause zwischen den Chemos. Es war endgültig. Die Ärzte konnten ihr nicht mehr helfen.

18

Ich erzählte zu Hause nichts von Annes Rückfall. Ich erwähnte nicht, daß sie fehlte, daß sie wieder in die Klinik kam, daß sie mich nicht sehen wollte. Ich sagte noch immer nichts, als sie wieder zu Hause war. Ich rief nur selten bei Herzogs an, und das auch nur, wenn ich sicher war, daß weder meine Eltern noch mein Bruder mithören konnten.

Und dennoch merkte Franzi, daß etwas nicht stimmte. Er saß öfter still in seinem Zimmer, was für ihn ganz ungewöhnlich war.

Auch der Kindergärtnerin fiel auf, daß er bedrückt wirkte. Sie sprach meine Mutter darauf an, und die erzählte es heiter beim Abendessen, als Franzi dabei war.

»Franz wird vernünftig«, sagte mein Vater. »Wird auch allmählich Zeit.« Er strich ihm mit der Hand über den Kopf.

»Bist du bedrückt?« fragte ihn meine Mutter geradeheraus.

Er überlegte eine Weile. Dann wollte er wissen: »Was ist das?«

»Traurig«, erklärte ihm meine Mutter.

»Ach was«, antwortete mein Vater. »Er wird vernünftig.«

Franzi blieb auch weiterhin ›vernünftig‹. Doch manchmal kam es mir so vor, als beobachtete er mich oder als wollte er meine Gedanken lesen. Aber das kann Einbildung gewesen sein. Er fragte auch: »Warum kommt Anne nicht mehr? Habt ihr euch gezankt?«

»Wir haben meistens so lange Schule, und anschließend muß sie ihrer Mutter helfen«, log ich. »Sie ist immer noch meine Freundin.«

»Meine auch«, sagte Franzi. »Wenn ich groß bin, heirate ich sie.«

»Das kannst du jetzt noch nicht wissen. Bis dahin ändert sich alles«, erklärte ich ihm ernsthaft.
Franzi guckte mich groß an. Er hatte eine andere Antwort erwartet. »Du lachst mich gar nicht aus«, sagte er. »Sonst lachst du immer so blöd. – Anne ist doch nicht mehr deine Freundin. Ihr habt euch gezankt.«
»Nein!« beteuerte ich. »Ehrlich! Sie muß ihrer Mutter helfen.«
Ich konnte ihm nicht die Wahrheit sagen. Ich brachte es nicht fertig. In mir war die Angst, wenn man vom Tod spricht, dann kommt er.
Anne war verändert. Es gab viele Zeichen, die darauf hindeuteten, aber ich wollte sie nicht verstehen. Für einen kurzen Augenblick hatte ich begriffen, daß man nichts aufhalten kann. Aber ich vergaß es wieder, weil es wehtat.
Es war bereits Mitte Juni. Ich hatte Anne nicht mehr gesehen seit jenem Wochenende, an dem Herzogs verreist waren. Einmal dachte ich, Sylvia habe ich schon fast ein Jahr nicht mehr gesehen. Damit kann ich gut leben. Das ist eben so. Wenn ich Anne nicht wiedersehe, ist das dann anders? Ich bildete mir einfach ein, sie sei auch umgezogen. Sylvia war weg. Anne war weg.

Wenn ich lese, was ich gerade geschrieben habe, kommt es mir dumm vor. Habe ich wirklich versucht, mir so einen Unsinn einzureden? – Ja, genauso war es. Ich will es nicht nachträglich verändern. Ich spürte, daß Anne sich von mir entfernte, und habe versucht, mir deshalb vorzustellen, sie sei in eine andere Stadt umgezogen. Es schien sogar zu klappen. Bis Anne anrief.
»Hey! Es gibt mich noch«, sagte sie, ohne ihren Namen zu nennen. Ich erkannte ihre Stimme sofort.

»A-Anne«, stotterte ich. »Geht es dir besser?«
Sie lachte statt zu antworten. Sie lachte so oft. In dem Augenblick war ich felsenfest davon überzeugt, daß sie ihren Rückfall wieder einmal überwunden hatte, daß nun alles wie gewohnt weitergehe, daß es gar nicht anders sein könne. Was für eine idiotische Krankheit, dachte ich. Wut stieg in mir hoch, eine Riesenwut. Ich hätte am liebsten einen Knüppel genommen, auf irgendwas eingedroschen und mir dabei vorgestellt, daß ich diesen gemeinen, unberechenbaren Krebs plattmache, in den Boden stampfe, bis nichts mehr davon da ist. Dreck drüber, aus, weg...
»Wann kommst du vorbei?« fragte sie.
Wir verabredeten uns für den Nachmittag des nächsten Tages. Da hatten wir – da hatte ich früher Schule aus.
»Wir können zusammen Hausaufgaben machen«, schlug ich vor. »Sonst versäumst du wieder so viel.«
»Oh«, entgegnete sie, »eine tolle Idee. Bis morgen, Sabine, und grüß die anderen von mir.«

Sie saß auf ihrem Blumenkissen. Ihr Zimmer duftete nach Räucherstäbchen, und aus ihrer Stereoanlage ertönte die Plätscher-Gong-Musik. Einige ihrer Kuscheltiere lagen um sie herum. Neben dem Bett stand ein Hocker und darauf eine Schale mit Alpenveilchen, die üppig blühten.
Ich mußte schlucken. Mir saß ein Kloß im Hals. Das hatte ich nicht erwartet, dieses Krankenzimmer, meine ich.
»Komm ruhig näher«, sagte Anne. »Du mußt nicht an der Tür stehenbleiben.«
»Naja, die Bakterien«, stammelte ich.
»Vergiß sie einfach«, schlug Anne vor und streckte mir die Hand entgegen.
Ihre Hand war trocken und warm. Sie fühlte sich fiebrig an.

Mir fiel auf, wie dünn ihre Arme geworden waren. Mehr als je zuvor wirkte sie wie eine Porzellanpuppe, mit ihrer durchscheinenden Haut und ihren großen Augen.
Ich setzte mich neben sie. Wir sprachen kaum. Mal einen Satz und dann wieder nicht. Vielleicht war das so, weil wir der Musik zuhörten oder weil wir uns nicht trauten, darüber zu sprechen, was in uns vorging. Diese Stimmung konnte ich kaum aushalten.
»Franzi hat nach dir gefragt«, sagte ich nach einer Weile. »Er will dich heiraten.«
Anne lächelte. »Wie lieb von ihm. Er ist so süß.« Ganz langsam kam wieder Glanz in ihre Augen. »Warum nicht? Gut, ich heirate ihn morgen, wenn er dann noch einverstanden ist.«
»Was?«
Sie lachte nun wirklich. Die Anspannung wich ein wenig aus ihrem Gesicht. »Bring ihn nach dem Kindergarten her«, sagte sie. »Bitte, Sabine, ich meine es ernst. Dann hat dein Bruder eine Erinnerung an mich.«
»Soll das ein Jux sein?« fragte ich.
»Ein bißchen Jux und ein bißchen Ernst«, entgegnete Anne. »Weißt du, in Wirklichkeit werde ich nie heiraten. Da kann ich es doch wenigstens spielen.«
»Anne, wenn du so redest, dann kriege ich den großen Zorn. Vor gar nicht langer Zeit hattest du noch ganz andere Pläne. Erinnerst du dich? Da wolltest du sogar schon ganz jung heiraten und dann mit deinem Mann ein Heim für Straßenkinder aufmachen. Laß uns doch erstmal die Schule zusammen beenden, und dann sehen, was kommt.«
Anne drehte ihr Gesicht von mir weg, zur Stereoanlage hin. »Das ist mein Lieblingsstück«, sagte sie ohne Übergang. »Hör mal zu.«

Nach einer Weile ging die Tür auf. Frau Herzog trat so vorsichtig ein, als erwarte sie, daß Anne schliefe.
»Komm, Sabine.« Frau Herzog faßte mich am Arm. »Dein Besuch strengt Anne an. Sie muß sich jetzt wieder hinlegen.«
Ich war froh darüber und stand auch gleich auf.
Anne blieb auf ihrem Kissen sitzen. »Bis morgen! Und versprich mir, deinen Bruder mitzubringen, wenn er Lust hat. Ich freue mich schon.«
Ich versprach gar nichts mehr. Ich wollte nur hier raus.
Frau Herzog sah müde aus. Auf dem Flur vor Annes Zimmer blieb ich stehen. Ich wollte sie fragen, was ich Anne nicht gefragt hatte. Aber ich bekam auch jetzt die Worte nicht heraus. Da nahm mich Frau Herzog plötzlich in die Arme und drückte mich ganz fest. Es war eine verzweifelte Herzlichkeit. Und es war auch eine Antwort auf meine nicht gestellte Frage. Es ging Anne sehr schlecht.
Ich rannte nach draußen und lief zu Fuß den weiten Weg nach Hause.
Es waren viele Leute unterwegs. Sie kamen mir entgegen oder überholten mich. Aber meistens überholte ich sie und schlängelte mich an ihnen vorbei. Ich hatte es eilig ohne Grund. Es war mir nicht wichtig, schnell nach Hause zu kommen. Ich war nur zu aufgeregt, um langsam zu gehen. Ich dachte an Christian und wünschte mir, ihn zu treffen. Aber ich wußte genau, daß mir das jetzt auch nichts bringen würde. Mit ihm konnte ich herumalbern, ein bißchen knutschen und ihn dann wieder wegschubsen. Ich konnte die Hausaufgaben von ihm abschreiben und auf dem Schulhof angeben, weil ich einen Freund hatte. Mit ihm war alles einfach und unkompliziert, und so sollte es auch bleiben. Ernste Gespräche, wie mit Anne, dafür war er nicht zu haben. Er zog über die Lehrer her, äffte andere Leute nach und erwar-

tete, daß ich darüber lachte. Er war immer gut drauf, ich mochte ihn, aber das alles half mir jetzt überhaupt nicht.
Zu Hause wartete ich, bis wir beim Abendessen saßen. »Hast du Lust, Anne morgen zu besuchen?« fragte ich Franzi quer über den Tisch hinweg. »Sie freut sich, wenn du mitkommst.«
»Au ja! Mami, darf ich zu Anne?«
Meine Mutter guckte mich an. »Geht es ihr nicht gut?«
»Wieso? Ich weiß nicht. Sie hat nur gesagt, daß sie Franzi gern sehen will. Ich könnte ihn vom Kindergarten abholen und dann zu Herzogs gehen. Zum Abendessen sind wir zurück.«
»Au ja!« schrie Franzi, als seien wir plötzlich alle schwerhörig geworden. Er hampelte auf seinem Stuhl herum und konnte vor Freude nicht mehr stillsitzen.
»Nun iß mal vernünftig«, mahnte mein Vater, »sonst gehst du nicht mit.«
Augenblicklich nahm sich Franzi zusammen. Aber man merkte, daß es ihm schwerfiel.
Als er schon im Bett lag und meine Eltern Fernsehen guckten, ging ich noch einmal zu ihm. Die Vorhänge in seinem Zimmer waren zugezogen. Es war so dunkel, daß man nur Umrisse erkennen konnte.
Er setzte sich sofort auf und zog mich zu sich heran.
»Ich muß dir noch etwas sagen«, begann ich. »Anne ist ziemlich schwach. Du darfst sie auf keinen Fall fragen, ob sie vielleicht bald stirbt. Das tut man nicht.«
Franzi versprach es ganz ernsthaft.
»Und noch etwas: Sie will mit dir Hochzeit spielen. Machst du mit?«
»Ich will sie auch heiraten«, sagte Franzi, »das weißt du doch.«

»Ja, du hast es mir gesagt. Aber du weißt selber, daß es nur ein Spiel ist. Anne hat oft verrückte Einfälle, und jetzt will sie nun mal mit dir Hochzeit-machen spielen.«
»Du mußt ja nicht mitspielen«, sagte Franzi, »wenn du das doof findest.«
»Ich werde es mir überlegen. Nun schlaf gut. Ich hole dich morgen vom Kindergarten ab, und dann fahren wir mit dem Bus zu Anne.«
Vor Freude schlang er beide Arme um meinen Hals und drückte mir einen verrutschten Kuß aufs Kinn. »Vielleicht heirate ich dich auch mal«, sagte er. »Aber erst kommt Anne dran.«
Für ihn war es ein Spiel. Nichts weiter. Mir kam der Gedanke, daß Anne sich mit diesem Spiel von ihm verabschieden wollte. Vielleicht für immer. Aber gleichzeitig dachte ich, das rede ich mir doch alles nur ein. Sie war bisher immer geschwächt gewesen, wenn sie aus der Klinik nach Hause kam. Und sie hat sich jedesmal wieder erholt. Warum sollte es diesmal anders sein?

Herr Herzog machte uns die Tür auf, als wir am späten Nachmittag ankamen.
»Guten Tag«, begrüßte er uns. »Das ist also der Bräutigam.«
»Nein, ich bin der Franzi«, widersprach mein Bruder energisch.
Wir lachten. Aber trotzdem hatte ich kein frohes Gefühl. Was mochte in Anne vorgehen? Es wunderte mich, daß sie ihren Eltern davon erzählt hatte. Das Ganze war mir peinlich, ohne daß ich genau erklären kann, warum.
Anne lag im Bett, hatte aber so viele Kissen in den Rücken gestopft, daß sie beinahe saß. Sie trug ein hellgemustertes Sommerkleid und strahlte uns erwartungsvoll an.

»Na, Franzi, wollen wir heiraten?« fragte sie.
»Mensch, Anne, du bist eine komische Nudel.« Ich gab mir Mühe, locker zu klingen. »Hast du heute noch mehr von diesen Kindergartenspielen drauf?«
»Sei ruhig! Du sollst dich nicht über mich lustig machen«, sagte sie. »Wenn du nicht mitspielen willst, kannst du schon mal Apfelsaft-Sprudel aus der Küche holen. Damit wir auf unser Glück anstoßen können. Oder wünschst du mir etwa kein Glück?«
»Darauf erwartest du wohl keine Antwort«, sagte ich und war froh, daß ich einen Grund hatte, aus dem Zimmer zu gehen.
Ich trödelte absichtlich, weil ich die beiden möglichst lang allein lassen wollte. Was immer Anne mit meinem Bruder spielte und warum, ich wollte es gar nicht wissen.
Frau Herzog gab mir ein Tablett und stellte auch eine Schale mit Gebäck darauf. Ich hätte ihr gern noch geholfen, egal wobei. Aber es gab nichts zu helfen. Also ging ich mit den Gläsern und den Plätzchen zu Annes Zimmer zurück. Als ich die Tür aufmachte, saß Franzi neben Anne im Bett und kuschelte sich an sie.
Das gab mir einen Stich. Franzi konnte viel lockerer mit Anne umgehen als ich. Er vergaß einfach ihre Krankheit, spielte mit ihr Hochzeit und war dabei glücklich. Und sie war auch glücklich. Sie lag eingesunken in ihrem Kissenberg und lächelte.

Vier Tage später sah ich sie noch einmal. Zum letzten Mal.
Es war Sonntag. Sie hatte Benni, Christian und mich eingeladen. Wir hatten uns vorher verabredet und kamen zusammen.
Sie war deutlich schwächer geworden. Ihre Stimme klang

sehr leise. Zwischen den Worten machte sie lange Pausen. Selbst das Sprechen strengte sie an. Aber ihre Augen strahlten.

»Hey«, sagte sie. »Lieb, daß ihr da seid.«

Wir murmelten irgendwas. Benni strich mit einem Finger über Annes Hand, so vorsichtig, als sei sie ein Blütenblatt.

»Wir hatten viel Spaß miteinander«, sagte Anne nach einer Weile. »Es war schön mit euch.« Und dann nach einer weiteren langen Pause: »Ich gehe bald – durch die Schlucht.«

»Was meinst du?« fragte Christian.

Ich machte ihm ein Zeichen. »Später.«

»Nur noch fünf Tage, dann habe ich Geburtstag. Ich werde fünfzehn«, sagte Anne. »Aber ich glaube, ich schaffe es nicht mehr.«

»Bestimmt schaffst du das. Du wirst auch noch sechzehn«, sagte Christian. Seine Stimme klang spröde, fremd und unecht. Er meinte es gut. Er wollte Anne Hoffnung machen, aber er hatte selber keine.

Anne sagte nichts mehr. Ihre Augen waren meistens geschlossen. Doch wenn sie sie öffnete, strahlten sie.

Diese strahlenden Augen werde ich nie vergessen. Anne war nicht verzweifelt. Sie hatte keine Angst. Sie war einverstanden mit dem Tod.

Sie schaffte es nicht mehr bis zu ihrem Geburtstag. Sie lebte noch sechsunddreißig Stunden. Die meiste Zeit schlief sie, und schlafend verließ sie diese Welt. Ich erfuhr es von Herrn Herzog.

Zwei Tage vor Beginn der großen Ferien fand die Beerdigung statt. Frau Schneider-Solle hatte der Klasse Annes Tod mitgeteilt. Alle waren entsetzt. Noch nie war es in einer Unterrichtsstunde so still bei uns gewesen. Frau Schneider-Solle ging zu unserem Klassenhaus und schloß Annes Fenster.

Dann stand ich auf und schloß mein Fenster auch. Nach mir tat es Benjamin, dann Christian, dann Simone. Wir hatten das nicht abgesprochen. Es kam einfach so. Fast alle schlossen ihre Fenster. Einige blieben nur still an ihren Tischen sitzen. Das war auch in Ordnung.
Gleich nach der Beerdigung sind Annes Eltern zusammen verreist. Mir kommt es so vor, als ob die Ehekrise, die durch Annes lange Krankheit entstanden war, mit ihrem Tod ein Ende gefunden hat. Ihre Eltern müssen sich jetzt sehr einsam fühlen. Vielleicht besuche ich sie, wenn sie zurückgekommen sind. Ich könnte Franzi mitnehmen. Er kann besser mit diesem Ereignis umgehen als ich. Ich habe ihm erzählt, daß Anne gestorben ist.
»Sie ist im Himmel«, hat er mich verbessert. »Ich glaube, daß sie uns sehen kann.«
»Das ist ein Geheimnis, Franzi. Niemand weiß es.«
Aber die Vorstellung, daß Anne noch ein bißchen zuschaut, wie sich das Leben hier abspielt, gefällt mir. Wir haben Anne nicht vergessen, und sie uns vielleicht auch nicht.

Was soll ich noch aufschreiben über das Jahr mit Anne, das nun zu Ende ist? Habe ich etwas Wichtiges vergessen? Nein, ich glaube nicht.
Nächste Woche fängt die Schule wieder an. Ich freue mich ein bißchen und ein bißchen auch nicht. Anne hat Spuren hinterlassen bei jedem von uns, und ich bin gespannt, wie wir damit umgehen werden. Doch eines ist sicher, so kindisch, wie wir im vergangenen Schuljahr noch waren, werden wir nicht mehr sein.
Nachdem ich alles noch einmal in Gedanken erlebt habe, ist meine Trauer weniger geworden. In meiner Erinnerung und in meinen Träumen ist Anne noch immer lebendig, und so

wird es auch bleiben. Aber irgendwas hat sich verändert, draußen, um mich herum und in mir drin. Was es genau ist, kann ich noch nicht sagen. Vielleicht sehe ich die Welt jetzt mehr so, wie Anne sie gesehen hat – bewußter. Es kommt mir vor, als seien die Farben strahlender geworden.